# ABC
## des Obstgartens

Jean-Yves Prat

# ABC des Obstgartens

Richtig pflanzen, schneiden, erziehen und ernten

Mit Illustrationen von
Joël Bordier

GONDROM

Titel der französischen Originalausgabe: L'abc du verger

Übersetzung: Dr. Coralie Wink, Dossenheim

Bearbeitung und Redaktion: Christine Weidenweber, Weibersbrunn
Satz dieser Ausgabe: Simone Redlich
Layout: Hugues Cornière, Graphic Garage
Covergestaltung: Kraft & Partner, Leimen
Coverfoto: Arnaut Descat, MAP
Coverillustrationen: Joël Bordier

Wichtiger Hinweis:
Die Ratschläge in diesem Buch sind vom Verlag sorgfältig erwogen und geprüft, dennoch kann eine Garantie nicht übernommen werden. Eine Haftung des Verlages und seiner Beauftragten für Personen-, Sach- und Vermögensschäden ist ausgeschlossen.



ISBN 3-8112-2464-6

5 4 3 2 1

# INHALTSVERZEICHNIS

# INHALTSVERZEICHNIS

# Vorwort

Jeder Gartenbesitzer gerät früher oder später in die Versuchung, einen Apfelbaum, Himbeersträucher oder vielleicht sogar exotische Obstarten zu pflanzen. Wir träumen davon, dass die Obstbäume im Handumdrehen voll mit reifen Früchten hängen, die nur darauf warten, gepflückt zu werden.

Im Garten stellt sich jedoch die erste Frage: Wohin pflanzt man den Obstbaum? Sicherlich eine wichtige Frage, doch vorher – noch vor dem Kauf – sollte man anhand von bestimmten Kriterien eine Auswahl treffen.

Berücksichtigen müssen Sie vor allem die lokalen Klimaverhältnisse, den Bodentyp und die verfügbare Gartenfläche. Aber auch persönliche Vorlieben und die Zeit, die für die Pflege der Obstbäume zur Verfügung steht, dürfen nicht vergessen werden. Schließlich: Wann fahren Sie gewöhnlich in Urlaub? Es wäre doch schade, wenn Sie genau dann, wenn das Obst reif wird, nicht zu Hause sind!

Dieses Buch bietet Ihnen Hilfe bei der Auswahl der Bäume, die zu Ihnen passen, bei Pflanzung, Pflege- und Schnittmaßnahmen. Die wichtigsten Handgriffe für jede Obstart werden in zahlreichen Abbildungen vorgestellt, ergänzt durch Kommentare und Pflegetipps.

Wer den Ehrgeiz hat, nicht nur ein oder zwei Bäume zu pflanzen, sondern einen richtigen Obstgarten anzulegen, findet hier wichtige Hinweise, umfangreiche Sortenlisten, Informationen über den Erntezeitpunkt, verschiedene Erziehungsmethoden sowie Ratschläge zum Einkauf und zu den jährlichen Pflegemaßnahmen – und vieles mehr ...

# Einleitung

## *Auswahl der Arten und Sorten*

Fertigen Sie sich zunächst eine grobe Skizze des Gartens, in der die bereits vorhandenen Pflanzen eingezeichnet werden. Alle geplanten Obstbäume werden nun hinzugefügt. Berücksichtigen Sie dabei die empfohlenen Pflanzabstände.

Wer ein großes Grundstück zur Verfügung hat, kann einen Obstgarten anlegen, der vom übrigen Garten abgetrennt ist. In kleineren Gärten wird ein Obstbaum allein durch seine schönen Blüten zur Zierde und liefert überdies noch Früchte. Auch Garten- und Hausmauern dürfen miteinbezogen werden: Aprikose und Mandel, Birne und Apfel werden als Spalierobst reiche Ernte bringen.

Bei der Auswahl von Obstart und Erziehungsform muss die Region und ihr Klima, vor allem jedoch der verfügbare Platz berücksichtigt werden. Spezialisieren Sie sich auf Arten Ihrer Region, bleiben Ihnen häufig Fehlschläge erspart – eine Ausnahme bilden bestimmte mediterrane Arten für die Kübelkultur, die frostgeschützt überwintern müssen.

Auch bei den Zuchtsorten empfiehlt es sich, lokal übliche zu wählen und persönliche Vorlieben mit zu berücksichtigen. Besuchen Sie während der Erntezeit einmal die Baumschulen in der Nähe und probieren Sie die Früchte verschiedener Sorten, die in Frage kommen – das macht die Auswahl häufig leichter. Wählt man Arten und Sorten mit unterschiedlichen Reifezeitpunkten, können die Früchte nach und nach geerntet, verzehrt und konserviert werden.

### Bestäubung

Die meisten Obstarten sind selbstfertil, d.h. selbstbestäubend bzw. selbstbefruchtend.

**Erntezeiten der wichtigsten Obstsorten**

| | |
|---|---|
| **Juni** | Schwarze und Rote Johannisb., Kirschen |
| **Juli/August** | Aprikosen, Himbeeren, Pfirsiche, erste Äpfel und Birnen, Pflaumen |
| **September/Oktober** | Mandeln, Esskastanien, Mispeln, Haselnüsse, Walnüsse, Äpfel, Birnen |
| **November** | Zitrusfrüchte, Kakipflaumen, Kiwi |

**Von der Blüte bis zur Ernte – Obstbäume und -gehölze überraschen Kinder und Erwachsene mit immer neuen Genüssen; im Frühling locken Düfte und wunderschöne Farben, ist das Obst reif, entsteht ein Paradies für Naschkatzen. Haben Sie Ihre Wahl getroffen, helfen Ihnen die Schritt-für-Schritt-Anleitungen bei der Pflanzung und Pflege der Obstgehölze. Seite für Seite lernen Sie deren Bedürfnisse kennen und können sich schon bald über eine reiche Ernte freuen.**

### Eine „zweihäusige“ Pflanze

Bei der Kiwipflanze befinden sich männliche und weibliche Blüten auf verschiedenen eingeschlechtlichen Pflanzen. Deshalb brauchen Sie für 4 bis 5 weibliche Sträucher mindestens 1 männliche Kiwipflanze.

Selbstfertile Sorten bringen hierbei nach der Bestäubung mit sorteneigenem Pollen samenhaltige Früchte hervor. Die Ertragssicherheit solcher Sorten ist größer, denn sie sind nicht auf eine Pollenübertragung durch Insekten angewiesen.

Bestimmte Arten benötigen jedoch den Pollen eines anderen Baumes für eine guten Fruchtansatz. Bei dieser Kreuzbestäubung muss ein anderer passender Obstbaum in der Nähe stehen, damit eine gegenseitige Bestäubung stattfinden kann. Für jede vorgestellte Obstart finden Sie in der unten stehenden Tabelle eine pollenspende Sorte.

### Lagerung im Winter

Als „Lagersorte“ bezeichnete Apfel- und Birnensorten sowie Schalenobst (Mandeln, Wal- und Haselnüsse, Esskastanien) können einen Großteil des Winters, z.T. bis zum Frühjahr, gelagert werden.

## Tabelle der pollenspendenden Sorten

### Schwarze Johannisbeere

| zu bestäubende Sorten | pollenspendende Sorten |
|---|---|
| • 'Delbard Robusta' | 'Black Down' (selbstfertil)<br>'Noir de Bourgogne' |
| • 'Géant de Boskoop' | 'Noir de Bourgogne' |
| • 'Noir de Bourgogne' | 'Black Down'<br>'Géant de Boskoop' |

### Kirsche

| zu bestäubende Sorten | pollenspendende Sorten |
|---|---|
| • 'Délice de Malicorne' | 'Burlat' |
| • 'Hedelfingen' | 'Burlat'<br>'Reverchon' |
| • 'Burlat' | 'Hedelfingen'<br>'Early Rivers' |
| • 'Hâtif Delbard' | 'Délice de Malicorne' |
| • 'Marmotte' | 'Moreau'<br>'Early River' |
| • 'Moreau' | 'Jaboulay' |
| • 'Reverchon' | 'Hedelfingen'<br>'Burlat' |
| • 'Early Rivers' | 'Burlat'<br>'Marmotte'<br>'Moreau' |

## Haselnuss

| zu bestäubende Sorten | pollenspendende Sorten |
|---|---|
| • 'Bergeri' | 'Merveille de Bollwiller' |
| • 'Fertile de Coutard' | 'Bergeri' |
| • 'Merveille de Bollwiller' | 'Cosford'<br>'Longue d'Espagne' |
| • 'Segorbe' | 'Fertile de Coutard'<br>'Merveille de Bollwiller' |

## Walnuss

| zu bestäubende Sorten | pollenspendende Sorten |
|---|---|
| • 'Corne' | 'Grandjean'<br>'Mayette' |
| • 'Franquette' | 'Parisienne' |
| • 'Marbot' | 'Franquette' |
| • 'Parisienne' | 'Franquette' |

## Birne

| zu bestäubende Sorten | pollenspendende Sorten |
|---|---|
| • 'Gellerts Butterbirne' | 'Williams-Christbirne'<br>'Konferenzbirne'<br>'Triumph von Vienne' |
| • 'Williams-Christbirne' | 'Gellerts Butterbirne'<br>'Konferenzbirne'<br>'Vereinsdechantsbirne' |
| • 'Konferenzbirne' | 'Williams-Christbirne'<br>'Vereinsdechantsbirne' |
| • 'Delbard d'automne' | 'Williams-Christbirne'<br>'Konferenzbirne'<br>'Vereinsdechantsbirne' |
| • 'Delbard Gourmande' | 'Williams-Christbirne'<br>'Konferenzbirne' |
| • 'Delbardélice' | 'Gellerts Butterbirne' |
| • 'Vereinsdechantsbirne' | 'Williams-Christbirne'<br>'Konferenzbirne' |
| • 'Delwilmor' | 'Vereinsdechantsbirne' |
| • 'Gute Louise' | 'Gellerts Butterbirne' |
| • 'Péradel' | 'Vereinsdechantsbirne' |

### Selbstfertile Sorten

Bei der Mandel kann man das Pflanzen von mehreren Bäumen vermeiden, wenn man selbstfertile Sorten (die keine Fremdbestäubung benötigen) auswählt: z.B. 'All in One', 'Lauranne'.

## Apfel

| zu bestäubende Sorten | pollenspendende Sorten |
|---|---|
| • 'Schöner von Boskoop' | 'Idared'<br>'Kasseler Renette' |
| • 'Weißer Winterkalvill' | 'Golden Delicious'<br>'Cox's Orangenrenette'<br>'Goldparmäne' |
| • 'Cybèle' | 'Goldparmäne' |
| • 'Delbard Jubilé' | 'Goldparmäne' |
| • 'Elstar' | 'Golden Delicious'<br>'Goldparmäne' |
| • 'Harmonie' | 'Goldparmäne' |
| • 'Régali' | 'Goldparmäne' |
| • 'Reinette blanche du Canada' | 'Goldparmäne'<br>'Cox's Orangenrenette' |
| • 'Graue Kanadarenette' | 'Goldparmäne'<br>'Cox's Orangenrenette' |
| • 'Reinette du Mans' | 'La Nationale' |
| • 'Cox's Orangenrenette' | 'Weißer Winterkalvill'<br>'Golden Delicious'<br>'Goldparmäne' |
| • 'Goldparmäne' | 'Weißer Winterkalvill'<br>'Golden Delicious' |
| • 'Royal Gala' | 'Golden Delicious' |
| • 'Tentation' | 'Golden Delicious'<br>'Goldparmäne' |

## Pflaume und Verwandte

| zu bestäubende Sorten | pollenspendende Sorten |
|---|---|
| • 'Mirabelle von Nancy' | 'Hauszwetsche'<br>'Große Grüne Reneklode' |
| • 'Reine-Claude de Bavay' | 'Oullins Reneklode' |
| • 'Große Grüne Reneklode' | 'Reine-Claude de Bavay' |
| • 'Oullins Reneklode' | 'Graf Althanns Reneklode' |
| • 'Hauszwetsche' | *selbstfertil* |
| • 'Thames Cross' | *selbstfertil* |
| • 'Valor' | 'Große Grüne Reneklode' |

# Auswahl der Wuchs- und Erziehungsform

Beim Kauf werden die verschiedenen Obstbaumarten häufig als Bäume, Sträucher oder Halbsträucher angeboten. Sie können zwischen unterschiedlichen Erziehungsformen wählen.

## Frei stehende Bäume und Sträucher

Diese Erziehungsform ist nur wenig „**bearbeitet**". Derartige Bäume, so genannte „**frei stehende Formen**", brauchen viel Platz. Den größten Kronenumfang haben die **Hochstämme** mit 1,5–2 m hohem Stamm. Als nächstes kommen die **Halbstämme** – ihre Stammhöhe von 1–1,5 m, ist durch einen Schnitt in der Baumschule festgelegt.

**Zwergstämme** (Niederstämme), mit einer Stammhöhe von 30–80 cm, sind nur bei bestimmten Obstarten möglich; bei jeder Artbeschreibung finden Sie hierzu gegebenenfalls einen Vermerk. Je nach Art, Baumform und Unterlage kann der Pflanzabstand zwischen 3–10 m betragen.

Auch Beerensträucher werden hauptsächlich in ihrer natürlichen Form kultiviert, d.h. als **Busch**.

## Spalierobst

Bei den so genannten „**Spalierformen**" (Formobstbäumen) entwickeln sich die Äste des Baumes alle auf einer Ebene: Wir sprechen von **U-Formen, Palmetten, Schnurbäumen** oder **Kordons**. Die Zweige benötigen eine Unterstützung, um eine derartige Form anzunehmen. Zwei Gerüstformen stehen zur Wahl:

– Man kann den Baum an einer mit Lattenwerk verkleideten Mauer erziehen, als **Wandspalier**; kälteempfindliche Arten können auf diese Weise selbst in klimatisch ungünstigeren Lagen kultiviert werden, da die Umgebung der Mauer ein günstigeres Mikroklima bietet.

– Man kann Spalierobst als Trennelement zwischen zwei Gartenteilen einsetzen; in diesem Fall wird der Baum an einem Gerüst aus Metallstützen mit Spanndrähten gezogen. Diese Form bezeichnet man als **frei stehendes Spalier**.

Selbstverständlich benötigt Spalierobst regelmäßige Pflege, wie Schnitt- und Pflanzenschutzmaßnahmen, aber auch das Ausdünnen und Eintüten der Früchte. Die geringere Höhe der Bäume erleichtert diese Arbeiten jedoch.

### Der Einfluss der Erziehungsform auf die Ernte

Je nach Obstart und -sorte dauert es bis zur ersten Ernte unterschiedlich lang. Beim **Hoch-** oder **Halbstamm** erscheinen die ersten Früchte erst nach 5–6 Standjahren, bei der Walnuss erst nach 8 Jahren. Kombinationen mit schwacher bis mittlerer Wüchsigkeit und geringerem Pflanzabstand bringen schon ab dem 3. Jahr gute Ertäge.

**Spalierobst trägt früher**, wenn man bereits formierte Bäume kauft. Die U-Form bildet bereits innerhalb von 2 Jahren die ersten Früchte, Doppel-U-Form und Verrier-Palmette innerhalb von 3 Jahren, Schnurbäume vom 2. Standjahr an.

### Verwenden Sie am besten einjährige Veredelungen

Die oben genannten Formen werden durch einen Erziehungsschnitt gebildet, den Fachleute in der Baumschule über mehrere Jahre hinweg durchführen. Mit etwas Geschick können Sie diese Arbeit aber auch selbst durchführen. In diesem Fall kauft man eine **einjährige Veredelung**, einen jungen Obstbaum, der im Vorjahr veredelt wurde und bisher nur einen einzigen senkrechten Trieb gebildet hat (gelegentlich einige Seitentriebe). Ausgehend von diesem Jungbaum kann selbst ein Niederstamm, ein Fächerbaum an einer Mauer oder ein senkrechter oder waagerechter Schnurbaum erzogen werden. Wichtig ist, dass die bei der Veredelung verwendete Unterlage nur schwach bis mittelwüchsig ist. Die Baumschule gibt Auskunft!

Für Anfänger sind bereits formierte Bäume jedoch besser geeignet. Welche Erziehungsform zur Anwendung kommt, hängt davon ab, wie wüchsig und elastisch die Triebe der jeweiligen Obstsorte sind; außerdem spielt das Platzangebot eine Rolle. Aber nicht jede Spalierobstform wird in den Baumschulen angeboten. Die Erziehung dieser Bäume wird in den Artbeschreibungen erläutert.

## Die häufigsten Obstbaumformen

### Frei stehende Formen

***Hochstamm***

Kirsche, Esskastanie, Kakipflaume, Mispel, Walnuss, Pfirsich, Birne, Apfel, Pflaume

***Halbstamm***

Aprikose, Zitrusfrüchte, Mandel, Kirsche, Quitte, Kakipflaume, Pfirsich, Birne, Apfel, Pflaume

***Zwergstamm*** *(Niederstamm)*

Zitrusfrüchte, Kirsche, Olive, Pflaume

***Busch***

Schwarze und Rote Johannisbeere, Feige, Himbeere, Stachelbeere, Mispel, Haselnuss, Olive, Brombeere

## Spalierformen

***Senkrechter Schnurbaum***

Birne, Apfel

***Waagerechter Schnurbaum***

Apfel, Weinrebe

***Fächerspalier***

Mandel, Aprikose, Kiwi, Pfirsich

***U-Form***

Birne, Apfel

***Doppel-U-Form***

Birne, Apfel

***Verrier-Palmette***

Birne, Apfel

# *Pflanzeneinkauf: wann und wo?*

Obstbäume findet man in Gärtnereien, Gartencentern oder Baumschulen. Je nach Jahreszeit und Art werden wurzelnackte Bäume oder Containerpflanzen angeboten.

## Wurzelnackte Bäume und Sträucher

Wurzelnackte Bäume und Sträucher werden hauptsächlich im Oktober/November und im März (während der Vegetationsruhe) gepflanzt. Der Baumschulgärtner rodet die für den Verkauf vorgesehenen Pflanzen nach dem Laubfall ab Oktober. Rund um die dicken Hauptwurzeln soll ein guter Anteil an Faserwurzeln erhalten bleiben. Die Qualität des so genannten Wurzelsystems ist dabei von entscheidender Bedeutung für die Wasser- und Nährstoffversorgung der Pflanze.

In der Baumschule werden die gerodeten Bäume ab Ende Oktober/Anfang November zum Verkauf angeboten. Sie sind mit den Wurzeln in einem Graben in Erdreich eingeschlagen und nach Arten in Reihen sortiert aufgestellt. Diese Lagerung ist bis Ende März möglich; in milden Gegenden kann man bei frostfreiem Wetter in der gesamten Zeitspanne pflanzen. Auch wenn man den Pflanzplatz im Garten noch nicht vorbereitet hat (und die Pflanzung deshalb auf März verschieben muss), sollte man Obstbäume so früh wie möglich kaufen, z.B. im November. Zu Beginn der Pflanzsaison ist die Auswahl größer. Notfalls können die Bäume genauso wie in der Baumschule im Garten zwischengelagert werden.

### Auswahlkriterien

Stamm und Äste des Baumes sollten gut geformt und frei von Verletzungen sein, wichtig ist ferner eine gut verwachsene Veredelungsstelle (Verdickung an der Stammbasis). Bei wurzelnackten Bäumen müssen die Wurzeln unverletzt und mit zahlreichen Faserwurzeln (sehr kleine, zarte Wurzeln) besetzt sein. Achten Sie darauf, dass die Haupttäste (Gerüstäste) von Spalierbäumen zahlreiche Seitenzweige (Fruchtholz) tragen, die gleichmäßig, ohne verkahlte Abschnitte über die gesamte Länge verteilt sind. Auf diesem Fruchtholz werden die Früchte gebildet.

## Bäume und Sträucher im Container

Containerpflanzen können normalerweise ganzjährig gepflanzt werden. Trotzdem sind Frühling und Herbst bzw. in frostfreien Lagen während der Winterruhe günstige Pflanztermine. In dieser Zeit werden die jungen Setzlinge nicht zu stark durch Hitze und Trockenheit beansprucht. Vor allem bei einer Pflanzung im Sommer bedarf es einer konsequenten und sorgfältigen Bewässerung, damit ein gutes Anwachsen gewährleistet ist.

# Bodenvorbereitung

Wenn der Obstbaum wirklich gedeihen soll, darf man nicht erst im letzten Moment ein Pflanzloch ausheben, das gerade so groß ist wie der Wurzelballen. Um gutes Anwachsen und eine rasche Entwicklung zu gewährleisten, müssen Sie unbedingt größere Pflanzlöcher, so genannte „vorbereitende Pflanzlöcher", ausheben. Auf diese Weise wird der Boden genügend gelockert. Arbeiten Sie in das ausgehobene Erdreich noch einen passenden Vorratsdünger ein, so geben Sie Ihrem neuen Gartenbewohner die besten Startbedingungen. Das Pflanzloch sollte am besten 2–3 Monate vor der Pflanzung ausgehoben werden, so dass der Boden sich nach dem Auffüllen wieder natürlich setzen kann.

**Frei stehende Bäume** benötigen ein Pflanzloch, das etwa 1,5-mal

so groß wie der Wurzelballen sein sollte.

Pflanzt man **Spalierbäume** in Reihen, wird ein Graben von etwa 60 cm Breite und Tiefe ausgehoben.

Beim **Strauchobst** kann man je nach Anzahl der vorgesehenden Stäucher einzelne Pflanzlöcher (50 cm Breite, Länge und Tiefe) oder einen Graben von 50 cm Breite und Tiefe ausheben. Zu diesem Zeitpunkt installiert man auch Drahtrahmen, die z.B. für Brombeer- und Himbeerkulturen nötig sind.

## Stützpfähle und Drahtrahmen

Etwa 3 Monate vor der Pflanzung, sobald das Pflanzloch ausgehoben ist, besorgt man für frei stehende Bäume Stützpfähle bzw. das Material für Spaliergerüste: Holz- oder Metallpfosten, Metalldraht, Latten, Spannvorrichtungen usw. Stützpfähle und Spaliergerüste sollten vor der Pflanzung angebracht werden. Der Pfahl muss lang genug sein, um den Leittrieb sicher stützen zu können.

# Pflanzung – Schritt für Schritt

## Wurzelnackte Bäume

1. **Wenn es nicht friert**, sich das Erdreich im vorbereiteten Pflanzloch genügend gesetzt hat und der Pflanzpfahl eingeschlagen ist, können Sie nun mit dem Spaten die engültige Größe des Pflanzloches herstellen; es sollte etwa 1,5-fach so groß wie der Wurzelballen sein. Häufeln Sie etwas Erde im Pflanzloch an, auf der die Wurzeln zu stehen kommen.

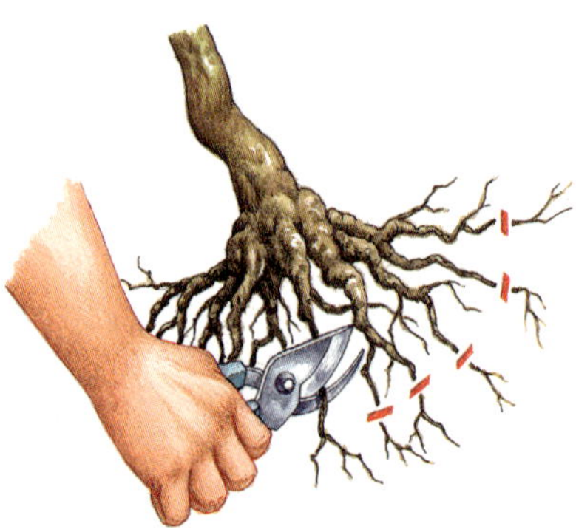

2. Führen Sie einen **Wurzelschnitt durch:** Beschädigte Wurzeln werden abgeschnitten, zu lange werden eingekürzt. Achten Sie auf glatte Schnittflächen und verwenden Sie z.B. eine scharfe Rosenschere, um die Wundverheilung und eine spätere gute Wurzelbildung zu fördern.

3. **Man schlämmt die Wurzeln** in einem genügend großen Behälter ein, damit der Baum besser anwächst und viele Faserwurzeln bildet. Als Einschlämmlösung dient ein dünnflüssiger Lehmbrei aus Wasser und Gartenerde, zusätzlich eventuell etwas Kuhmist.

### Bei der Pflanzung

Falls der Aushub noch nicht aufbereitet wurde, können Sie dies jetzt nachholen: Man vermischt die Erde am Grund des Pflanzloches und den seitlich gelagerten Aushub mit einem Vorratsdünger, Kompost oder Humus. Wurde der Boden bereits vorher verbessert, können Sie eventuell noch etwas getrockneten Mist unter das Erdreich um die Wurzeln mischen, um das Anwachsen zu fördern.

**4. Bringen Sie den Umfang der Äste in Einklang** mit dem Wurzelvolumen. Bei frei stehenden Gehölzen kürzt man die Gerüstäste um 1/3 ein; bei Spalierbäumen schneidet man den Jahreszuwachs (die helleren Teile im oberen Bereich der Gerüstäste) um etwa 20 cm zurück. Verletzte Äste werden sauber nachgeschnitten und mit einem Wundverschlussmittel behandelt.

**5. Setzen Sie den Baum ein,** indem Sie die Wurzeln über der angehäufelten Erde am Boden der Pflanzgrube ausbreiten. Mit Hilfe eines geraden Stabes, den man quer über das Pflanzloch legt, kann man überprüfen, ob die Veredelungsstelle (falls vorhanden) oberhalb des Bodenniveaus liegt, um spätere Wildtriebe zu vermeiden. Bei Spalierbäumen müssen Sie die Ausrichtung der Gerüstäste am Spalier beachten. Jetzt wird das Pflanzloch aufgefüllt, indem man zunächst die feinste Erde rund um die Wurzeln rieseln lässt. Treten Sie das Erdreich nicht mit dem Fuß fest, damit der Boden nicht verdichtet oder Wurzeln zerdrückt werden. Dennoch sollte die Erde fest angedrückt werden, um einen guten Bodenschluss zu erhalten.

**6.** Rund um den Stamm **häufelt man einen Gießrand an** und bewässert mit kräftigem Wasserstrahl ausgiebig, damit sich das Erdreich um die Wurzeln natürlich setzen kann. Nachdem das Wasser versickert ist, füllen Sie, falls nötig, mit Erde auf und stellen den Gießrand wieder her. Anschließend wird der Stamm am Stützpfahl bzw. die Gerüstäste von Spalierbäumen an der Spaliervorrichtung angebunden. Dabei darf das Band nicht fest angezogen werden, damit genügend Spielraum bleibt, wenn das Gehölz sich mit dem Erdreich senkt. Bei Spalierbäumen bindet man die Triebe fortlaufend auf.

## Einen Monat nach der Pflanzung

Nach einem Monat fixiert man den Baum etwas dauerhafter mit speziellen Baumbändern, so dass keine Gefahr von Einschnürungen besteht.

## Containerpflanzen

Man verfährt genauso wie bei wurzelnackten Bäumen (siehe S. 18).

1. Graben Sie ein Pflanzloch, 1,5-fach größer als der Wurzelballen.
2. Der Container wird in Wasser getaucht, damit sich der Wurzelballen vor dem Pflanzen gut vollsaugen kann. Wenn die ausgetopfte Pflanze sich im Pflanzloch befindet, muss die Ballenoberfläche auf einer Ebene mit der Bodenoberfläche liegen. Man füllt wieder mit Aushub auf, häufelt einen Gießrand an und bewässert gründlich.
3. Die Äste werden zuvor, genauso wie bei wurzelnackten Bäumen, eingekürzt.

# *Der Jahreslauf im Obstgarten*

Alle Obstbäume brauchen Pflege, auch wenn die frei stehenden Gehölze nicht ganz so pflegeaufwendig sind wie Spalierobst. Wer auf eine schöne und reiche Ernte nicht verzichten will, muss im ganzen Jahr kontinuierlich Schnitt- und Pflegemaßnahmen durchführen.

## Der Winterschnitt

Dieser wird in frostfreien Perioden während der Vegetationsruhe durchgeführt.

Bei bereits formierten Hoch- und Halbstämmen sind in den ersten Jahren keine Schnittmaßnahmen notwendig – die Fruchtbildung kann sich auf natürliche Weise einstellen. In der Folge führt man alle 4–5 Jahre im November–März einen einfachen Auslichtungsschnitt durch, um eine gute Ernte zu fördern. Der Winterschnitt bei Formobstbäumen erfolgt von Dezember–März; sein Ziel ist, die Erziehung durch Verlängerung der Gerüstäste fortzuführen und gleichzeitig zahlreiche Seitenäste, so genanntes Früchte tragendes Fruchtholz, zu fördern.

**Sommer-Pflegemaßnahmen** fallen vor allem beim Spalierobst an. Dazu gehört das Pinzieren, der Grünschnitt (**Sommerschnitt**), das Aufbinden der Triebe und das Ausdünnen der Früchte.

## Die Düngung

Eine regelmäßige Düngung ist die Grundvoraussetzung, wenn Sie Jahr für Jahr reiche Ernten haben wollen. Im Verlauf von Wachstum und Fruchtbildung entziehen Obstbäume dem Boden zahlreiche Mineralstoffe, die zur Bildung von Holz, Blättern, Blütenorganen und Früchten notwendig sind.

Um die Bodenfruchtbarkeit zu erhalten und den Nährstoffentzug auszugleichen, muss jährlich eine Erhaltungsdüngung vorgenommen werden; spezielle Volldünger für Obstbäume (mit N, P, K als wichtigsten Bestandteilen)* erhalten Sie im Fachhandel.

Sie können aber auch mit organischem Dünger, z.B. in Form von getrocknetem Mist oder aber Kompost, ihre Gehölze ausreichend versorgen. Obstbäume sind Starkzehrer, so dass die Gefahr einer Überdüngung kaum besteht.

Volldünger arbeitet man im Spätwinter, unmittelbar vor Ende der Vegetationsruhe, oberflächlich in die Erde auf der Baumscheibe ein (soweit der Kronenschatten reicht). Kompost wird im Herbst etwa 10 cm dick auf die Baumscheibe gepackt und über Winter mit Stroh

abgedeckt. Den gut verrotteten Stallmist müssen Sie im Herbst dünn auf die Baumscheibe streuen..

## Die Bodenbearbeitung

Rund um die Bäume muss der Boden jedes Jahr gelockert werden. Bei dieser Gelegenheit kann man den Dünger einarbeiten. Vorsicht, einige Obstgehölze besitzen oberflächennahe Wurzeln! In diesem Fall ist es besser, anstelle des Spatens nur einen Grubber oder eine Grabgabel mit kurzen Zinken zu verwenden und die Oberfläche nur einige Zentimeter tief aufzulockern. So verhindert man, dass Wurzeln verletzt oder Faserwurzeln zerstört werden.

## Die Unkrautbekämpfung

Vor allem unter Jungbäumen darf dieser Arbeitsschritt nicht vernachlässigt werden, damit die Unkräuter

nicht mit dem Baum um Wasser und Nährstoffe konkurrieren. Insbesondere bei flachwurzelnden Arten und Sorten ist diese Maßnahme wichtig.

(*) N: Stickstoff; P: Phosphorsäure; K: Kalium.

Man hat die Wahl zwischen folgenden Methoden:
– Mechanische Unkrautbekämpfung durch Jäten von Hand oder Hacken; bei flachwurzelnden Arten jedoch nicht zu tief.
– Chemische Unkrautbekämpfung durch Herbizide. Beim Umgang mit Unkrautvernichtungsmitteln müssen Sie äußerste Sorgfalt walten lassen. Verwenden Sie ein Sprühgerät, das nur für Herbizide eingesetzt wird. Eine Schutzvorrichtung gegen das Abdriften von Sprühnebel schützt dabei die Nachbarpflanzen. Wählen Sie zunächst biologische Produkte, die für Obstbäume zugelassen sind, und befolgen Sie die Verpackungshinweise zu Dosierung und Anwendungszeitraum genau.

## Krankheits- und Schädlingsbekämpfung

Bei der Kultivierung von Obstbäumen kann man nur selten auf Pflanzenschutzmaßnahmen verzichten. Seltener eingreifen müssen Sie, wenn Sie Ihre Obstgehölze und die immer wiederkehrenden Schädlinge über's Jahr genau beobachten. So lassen sich vorbeugende Maßnahmen planen und außerdem auch Behandlungen während der Vegetationsruhe durchführen.

- **Gegen Krankheiten** (Schorf, Mehltau, Moniliakrankheit usw.): Empfehlenswert sind Mittel auf Kupferbasis. Eine bessere Belichtung, bei Bäumen eine Kronenauslichtung können als wirksame vorbeugende Maßnahmen angesehen werden.
- **Gegen Insekten und Milben** (Blattläuse, Raupen, Schild- und Schmierläuse usw.): Verschiedene Mittel auf der Basis von Kaliumseife werden angeboten. Auch Pflanzenschutzmittel, die Mineralöl enthalten, zeigen eine gute Wirkung, dürfen aber nicht zu häufig angewendet werden, um das Verkleben der Spaltöffnungen zu verhindern.

Während der Vegetationsperiode (Frühjahr und Sommer) setzt man

### Angemessener Pflanzenschutz

Wählen Sie das richtige Produkt für die Bekämpfung des jeweiligen Schadorganismus. Zur Behandlung von Pilzkrankheiten verwendet man Fungizide, zur Abtötung von Insekten Insektizide, und um Spinnmilben zu bekämpfen setzt man Akarizide ein.
Seit dem 1. Juli 2001 dürfen nur noch Präparate eingesetzt werden, die mit dem Vermerk "Verwendung im Haus- und Kleingartenbereich zulässig" versehen sind. Darüber hinaus können die Bundesländer eigene gesetzliche Regelungen erlassen, so dass Sie sich in Ihrer Gärtnerei oder dem jeweiligen Gartencenter über die zugelassenen Produkte informieren sollten.

## Vorsicht!

Beim Umgang mit Pflanzenschutzmitteln – auch mit biologischen oder vermeintlich ungefährlicheren Substanzen – muss man Vorsichtsmaßnahmen beachten. Diese Mittel dürfen nur in der Originalverpackung an einem abschließbaren, trockenen und belüfteten Ort aufbewahrt werden, der für Kinder unzugänglich ist. Befolgen Sie die Gebrauchsanweisung genau und beachten Sie die auf der Verpackung angegebene Dosierung. Denken Sie an Ihren eigenen Schutz: Tragen Sie Handschuhe, Schutzkleidung, Gummistiefel, eine Atemschutzmaske und eine Schutzbrille.

vor allem mechanische und natürliche Bekämpfungsmethoden ein. So kann man die Früchte eintüten, Fallen mit Sexuallockstoffen (Pheromonfallen) oder Köderfallen aufhängen. Alle Fruchtmumien oder verwurmten Früchte, wie auch das Schnittgut müssen entfernt und verbrannt werden. Wenn sich eine Behandlung als notwendig herausstellt, greift man am besten vorbeugend ein und verwendet nach Möglichkeit biologische Produkte. Wichtig ist es, die Wartezeiten nach der Anwendung einzuhalten, bevor man das Obst erntet und verzehrt.

Auch Nützlinge können über den Fachhandel erworben werden. Verschiedene Schlupfwespenarten wirken z.B. gegen Weiße Fliege, Schmierläuse und Blattläuse, Nematoden gegen Trauermücken und Dickmaulrüssler.

## Mulchen mit organischem Material

Mit Mulchen ist das Abdecken der Erde mit spezifischem organischem Material gemeint. Stroh, Rindenhäcksel, Grasschnitt aber auch Kompost erhalten die Feuchtigkeit im Boden, denn sie reduzieren die Verdunstung an der Bodenoberfläche, und unterdrücken das Unkrautwachstum. Beim Mulchen mit Kompost wird gleichzeitig der Boden mit Nährstoffen versorgt. Insbesondere am Fuß von Beerensträuchern (Johannisbeeren, Himbeeren etc.) bringt man eine mindestens 5 cm dicke Schicht aus. Beim ersten Aufbringen einer Mulchdecke muss zuvor alles Unkraut entfernt werden, ansonsten müssen Sie das bevorzugte Material nur noch regelmäßig erneuern.

# Leitfaden zu den Pflanzenbeschreibungen

Schwierigkeitsgrad der Kultur:

- ★ einfach
- ★★ schwierig
- ★★★ sehr schwierig

Name des Obstgehölzes

wissenschaftlicher Name

Foto zum Bestimmen des Obstes

★★★

Kiwi

*Actinida chinensis, Actinida arguta*

Kulturanleitung

Pflanzung

Kiwis sind Schlingpflanzen, die an einem Standort gut gedeihen. A. chinensis sind die bekannten behaarten Kiwis, während A. arguta kleinere stachelbeergroße Früchte hervorbringt. A. arguta ist außerdem winterhärter und zeigt ein schwächeres Wachstum. Vorsicht: Die jungen Knospen erfrieren bei -4 °C.

Pflanztermin
März–April
Pflanzabstand
3–4 m
Blüte
2. Maihälfte
Schnitt
Rückschnitt im Spätwinter; im Sommer schattierende Triebe
Ernte
A. chinensis: vor dem ersten Frost; A. arguta: September

Zwei Monate vor der Pflanzung
Für eine männliche und eine weibliche Pflanze brauchen Sie 2 Pflanzlöcher von 60 cm Kantenlänge und Tiefe in einem tiefgründigen Boden. Am besten eignet sich eine Mauer zur Bepflanzung; ideal ist auch eine Pergola. Möchten Sie mehr Pflanzen setzten, benötigen Sie einen 60 cm breiten und tiefen Graben.
Der Aushub wird mit Spezialdünger, Kompost oder gut verrottetem Stallmist versetzt und ohne Verdichten wieder aufgefüllt.

106

ABC des Obstgartens

Technische Hinweise: Zeitpunkt der Pflanzung, des Schnitts, der Ernte, der Blüte, des Pflanzabstands usw.

# Die Obstbäume
## *von A bis Z*

★★

# Apfel

*Malus pumila*

## Kultur
## von frei stehenden Formen

**Apfelbäume sind sehr kälteresistent und gedeihen selbst in Höhenlagen bis zu 1000 m. Die meisten Sorten bevorzugen eine Südost-Exposition – das gilt besonders für Spalierbäume. Gepflanzt wird in tiefgründigem, nährstoffreichem und frischem Boden.**

**Pflanztermin**
*Oktober/November, März*
**Pflanzabstand**
*7–8 m (frei stehende Bäume); 1,2–1,5 m (Palmetten); 0,5–1 m (Schnurbäume)*
**Blüte**
*Ende März–Ende April*
**Schnitt**
*November (frei stehende Bäume); Januar/Februar und Mai (Spalierbäume)*
**Ernte**
*Juli–Ende Oktober*

### Pflanzung

***eines wurzelnackten Apfelbaums***

DREI MONATE VOR DER PFLANZUNG

*Graben Sie zur Bodenvorbereitung ein Loch von 1 m Kantenlänge und 80 cm Tiefe. Am tiefsten Punkt schlägt man einen Stützpfahl (Stammhöhe des Baumes plus 1 m) ein. Der Aushub wird mit einem Volldünger, Kompost oder gut verrottetem Stallmist versetzt und anschließend ohne Verdichten wieder in die Pflanzgrube gefüllt.*

## Auswahl der Erziehungsform

1

*Halbstamm*

Für grosse Gärten

Wählen Sie frei stehende Formen (**Hoch-** und **Halbstamm**), die bereits beim Kauf 3 (beim 1-jährigen Baum) oder 6 (beim 2-jährigen Baum) Gerüstäste besitzen.

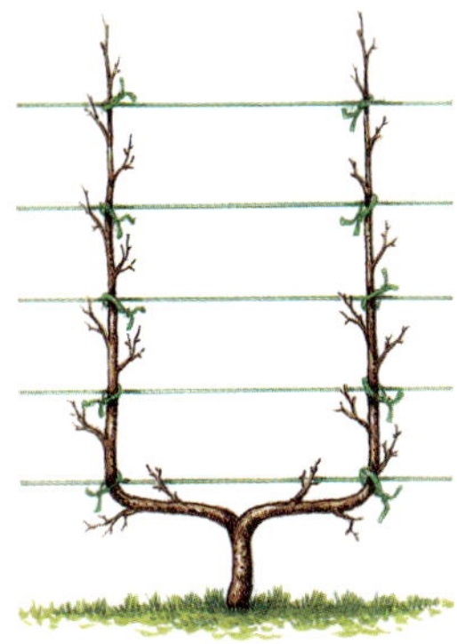

*U-Form*

Für kleine Gärten

Wählen Sie **U-Form** oder **Palmette**, die leicht zu pflegen sind (U-Form, Doppel-U-Form, Verrier-Palmette) und am Spalier erzogen werden. Wandspaliere dürfen nicht zu dicht an der Wand platziert sein. Äpfel vertragen stauende Hitze nicht.

2

*Doppel-U-Form*

*Verrier-Palmette*

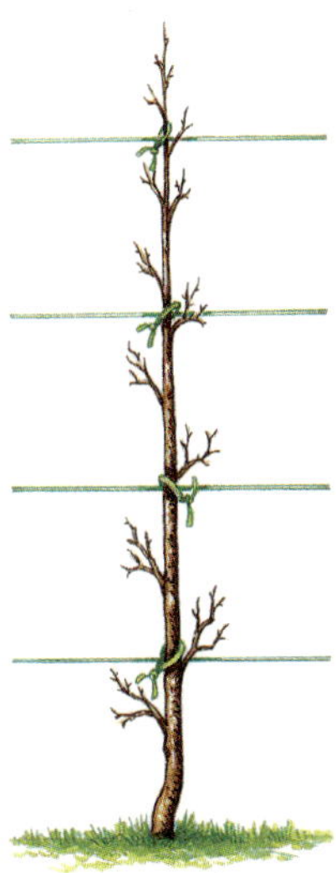

*senkrechter Schnurbaum*

3

Wenn Sie keinen Platz haben

Eine einjährige Veredelung lässt sich leicht als **senkrechter** oder **waagerechter Schnurbaum** erziehen.

*waagerechter Schnurbaum*

**Selbst in kleinen Gärten lässt sich mit senkrechten oder waagerechten Schnurbäumen eine kleine Sammlung verschiedener Apfelsorten anlegen.**

## Pflanzung

### eines wurzelnackten Apfelbaums

SO PFLANZEN SIE RICHTIG

*Man hebt ein Pflanzloch aus der vorbereiteten Erde aus, das etwas größer als die Wurzeln ist, schneidet verletzte Wurzeln ab und kürzt die restlichen einige Zentimeter ein.*

*Zusätzlich nimmt man die Gerüstäste auf etwa 25 cm zurück, indem man unmittelbar über einer gut sichtbaren, nach außen weisenden Knospe abschneidet.*

*Die Wurzeln werden in einem dünnflüssigen Lehmbrei eingeschlämmt. Man häufelt etwas Erde im Pflanzloch an, breitet die Wurzeln darauf aus und legt einen geraden Stab über die Pflanzgrube: Die Veredelungsstelle muss oberhalb liegen. Fügen Sie, falls nötig, noch Erde hinzu und füllen Sie dann das Pflanzloch auf. Achten Sie auf einen guten Bodenschluss. Anschließend wird ein kleiner Gießrand angelegt, bewässert und der Stamm am Stützpfahl befestigt.*

## Pflanzung
### *einer Containerpflanze*

*Die Bodenvorbereitung erfolgt wie beim wurzelnackten Apfel. Zum Zeitpunkt der Pflanzung taucht man den Container in Wasser, topft die Pflanze aus und gräbt das Pflanzloch: Dieses soll etwas größer als der Wurzelballen sein – dessen Oberkante muss auf einer Ebene mit der Bodenoberfläche liegen, wenn der Baum im Pflanzloch steht. Beim Auffüllen muss das Erdreich gut verdichtet werden. Anschließend legt man einen Gießrand an und bewässert. Die Gerüstäste werden auf etwa 25 cm eingekürzt: Man schneidet unmittelbar über einer gut sichtbaren, nach außen weisenden Knospe ab.*

**Sortenempfehlungen**

**Standardsorten:**
'Schöner aus Boskoop', 'Weißer Winterkalvill', 'Cybèle', 'Delbard Jubilé', 'Elstar', 'Harmonie', 'Goldparmäne', 'Reinette blanche du Canada', 'Graue Kanadarenette', 'Reinette du Mans', 'Cox's Orangenrenette', 'Régali', 'Royal Gala', 'Tentation'.

**Wiederentdeckungen:**
'Sternapfel', 'de Belle-Fille', 'Belle-Fleur', 'Chailleux', 'de l'Estre', 'Ananas Renette', 'Renette von Clochard', 'Kasseler Renette', 'Muskatellerrenette', 'Orleansrenette', 'Croncels', 'Winterbananenapfel'.

## Schnitt

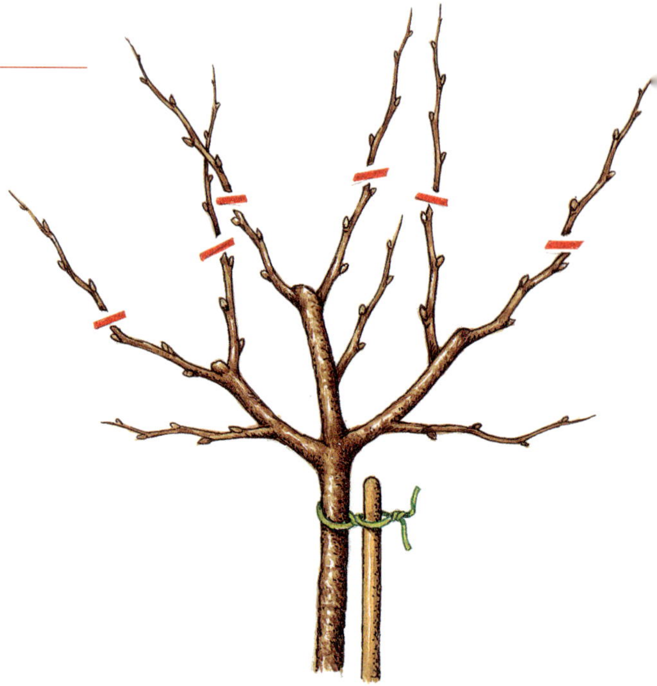

EIN JAHR NACH DER PFLANZUNG

*Wenn der Baum bei der Pflanzung 3 Gerüstäste hatte, kürzt man die neu daraus hervorgegangenen 6 Gerüstäste auf 25 cm Länge ein. Falls der Apfelbaum bereits bei der Pflanzung 6 Gerüstäste hatte, ist dieser Schnitt unnötig.*

ALLE 5 JAHRE

*Wasserreiser (senkrechte, sehr wüchsige Äste) und gegabelte Äste, die sich kreuzen und das Kroneninnere zu stark verdichten, werden entfernt. Alle anderen Äste kürzt man etwa um ein Viertel ein.*

## Pflege

*Das Erdreich am Fuß des jungen Apfelbaums regelmäßig jäten, denn Unkräuter können eine Konkurrenz um Nährstoffe für den Baum darstellen. Empfehlenswert ist eine Mulchschicht aus Stroh, Grasschnitt oder Kompost. Bei mehrjährigen Unkräutern können Sie ein Herbizid anwenden. Beachten Sie dabei genau die Dosierungsempfehlung, damit Sie den jungen Baum nicht schädigen.*

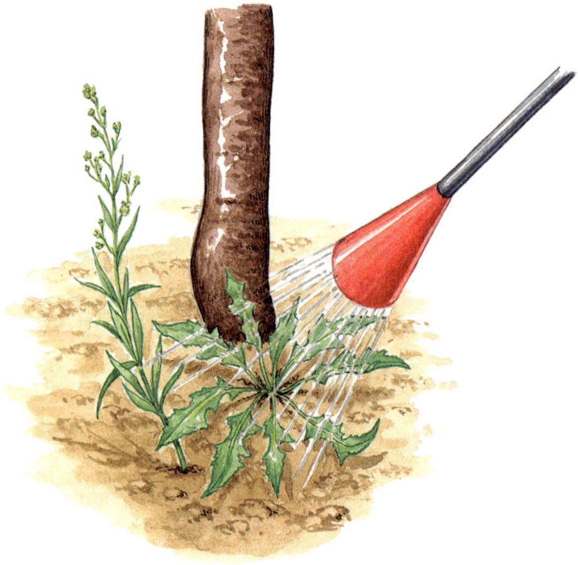

# Kultur von Spalierformen

## Pflanzung

DREI MONATE VOR DER PFLANZUNG

***Wandspalier***

*Man bringt das Spaliergerüst an einer 3–4 m hohen Mauer an; das Material können Sie in Gartencentern und Baumärkten kaufen: flache Eisenhaken, die man in der Mauer verankert, Eisendraht und 1,5 cm x 1,5 cm dicke Latten (Länge je nach Spalierhöhe), die man im Abstand von 30 cm anbringt.*

*Längs der Mauer hebt man einen 60 cm breiten und tiefen Graben auf der gewünschten Länge aus, arbeitet einen Volldünger, Kompost oder gut verrotteten Stallmist in den Aushub ein und füllt wieder auf, ohne zu verdichten.*

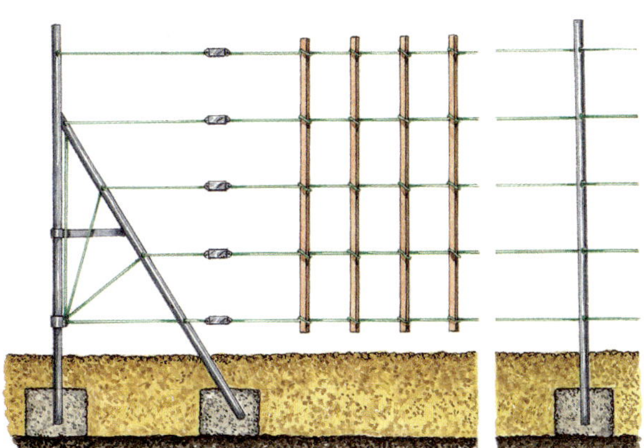

***Frei stehendes Spalier***

*Am vorgesehenen Platz hebt man einen 60 cm breiten und tiefen Graben aus. Im Abstand von 4–5 m platziert man in der Grabensohle zwei eiserne, 3–3,5 m hohe T-Pfosten, die in Zementblöcke eingelassen sind, und verbindet sie durch Reihen aus Spanndraht, an dem die Holzlatten fixiert werden. Sobald das Spaliergerüst installiert ist, können Sie einen Volldünger, Kompost oder gut verrotteten Stallmist in den Aushub einarbeiten und ihn ohne Verdichten in den Graben auffüllen.*

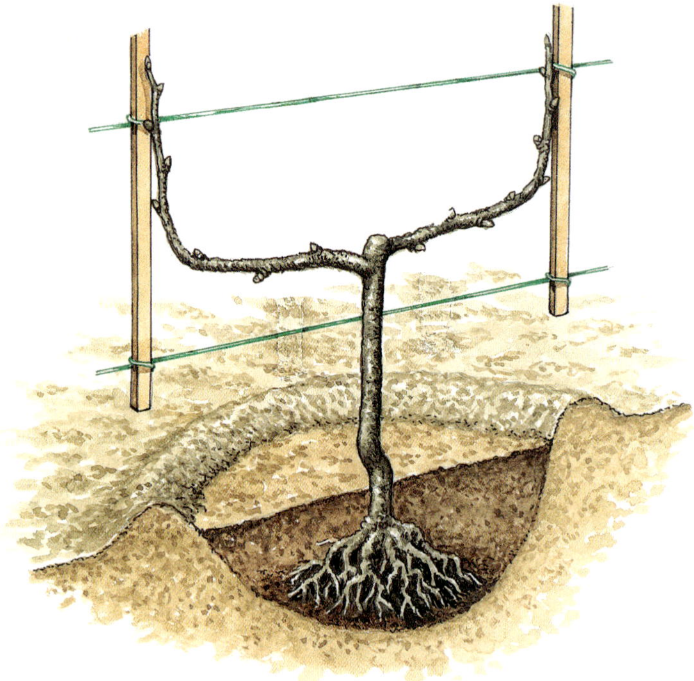

## Pflanzung

SO PFLANZEN SIE RICHTIG

*Heben Sie in dem vorbereiteten Graben ein Pflanzloch aus, das etwas größer als die Wurzeln des Baumes ist. Der Spalierbaum wird gepflanzt und das Pflanzloch anschließend genauso aufgefüllt wie beim freistehenden Baum.*

*Zwischen den Gerüstästen von benachbarten Bäumen soll ein Abstand von 30 cm sein.*

## Kultur eines waagerechten Schnurbaums

Für einen waagerechten Schnurbaum wird ein passender Pflanzgraben ausgehoben und ein freistehendes Spaliergerüst installiert, wie oben beschrieben. Die Eisenpfosten werden durch einen Spanndraht in 40 oder 60 cm Bodenabstand verbunden; die senkrechten Holzlatten entfallen. Sobald der Drahtrahmen installiert ist, arbeitet man, wie oben empfohlen, einen entsprechenden Dünger in den Aushub ein und füllt den Pflanzgraben ohne Verdichten auf.

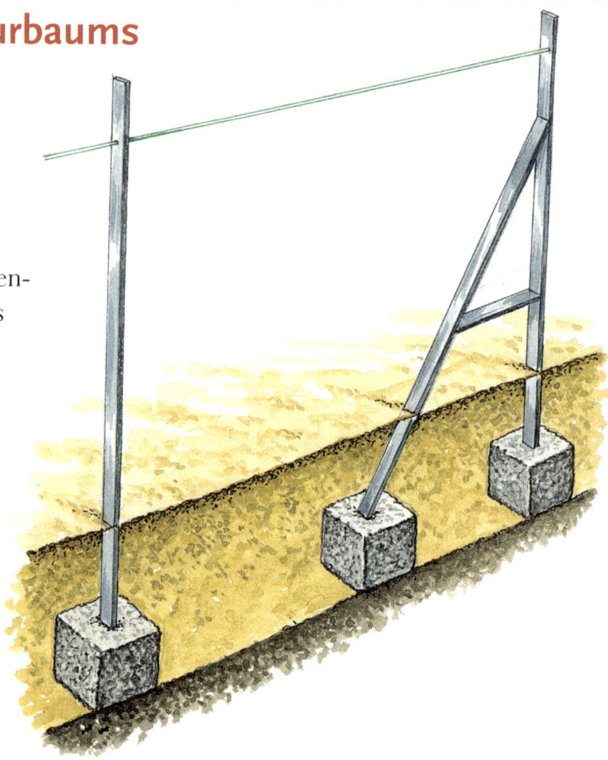

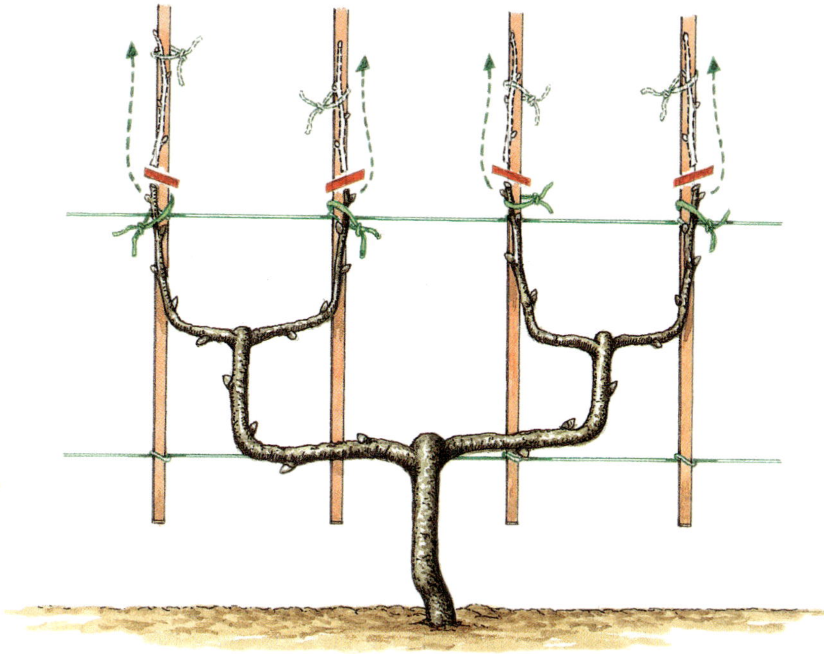

UNMITTELBAR
NACH DER PFLANZUNG

**_U-Form und Doppel-U-Form_**
*Kürzen Sie die Gerüstäste je um 25 cm ein – der Schnitt soll immer über einer nach vorne oder nach außen weisenden Knospe ausgeführt werden.*

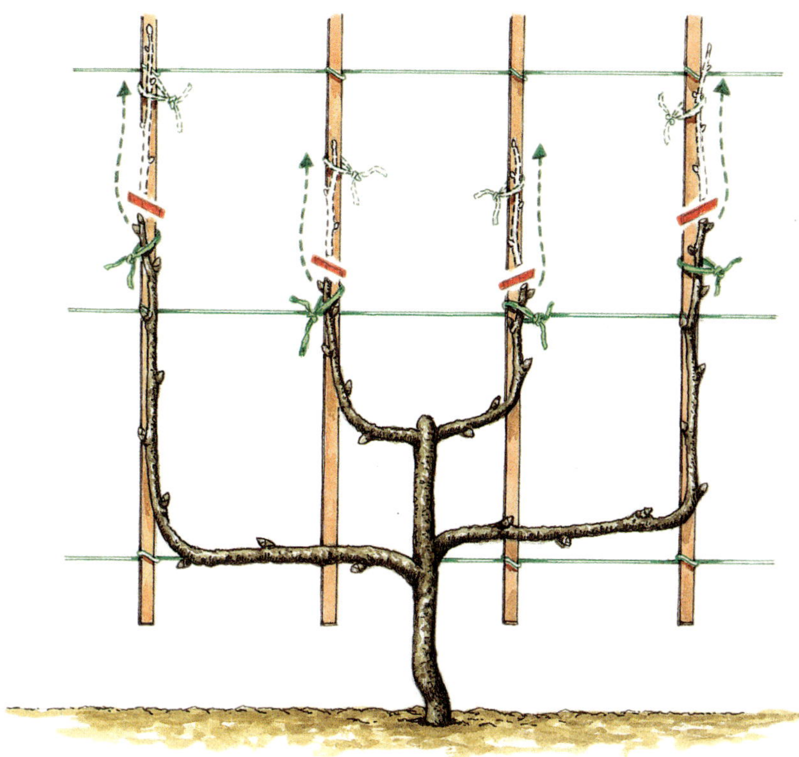

**_Verrier-Palmette_**
*Kürzen Sie die beiden äußeren Gerüstäste je um 25 cm und die beiden inneren Äste je um 20 cm ein – der Schnitt soll immer über einer nach vorne oder nach außen weisenden Knospe ausgeführt werden.*

**Die Gerüstäste werden über den Sommer fortlaufend an den Latten festgebunden.**

## Erziehung eines waagerechten oder senkrechten Schnurbaums

UNMITTELBAR NACH DER PFLANZUNG

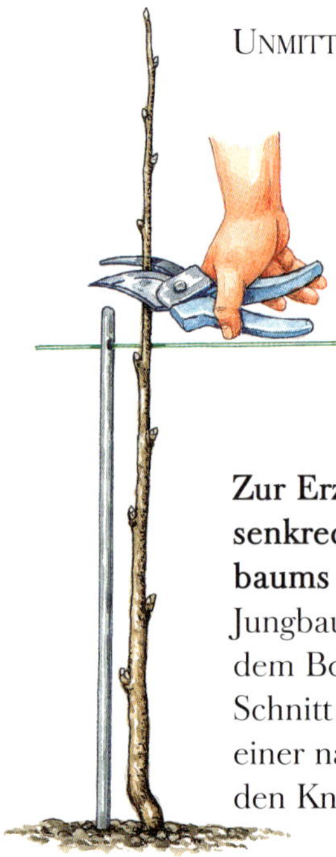

**Zur Erziehung eines senkrechten Schnurbaums** schneidet man den Jungbaum 50–60 cm über dem Boden ab – der Schnitt wird immer über einer nach vorne weisenden Knospe geführt.

**Zur Erziehung eines waagerechten Schnurbaums** biegt man den Jungbaum auf einer Höhe von 40–60 cm vorsichtig im rechten Winkel ab; der senkrechte Teil wird an einem Stützpfosten angebunden, das gebogene Stück wird auf 30 cm Länge eingekürzt und am Spanndraht befestigt.

JÄHRLICH ANFALLENDE SCHNITTMASSNAHMEN

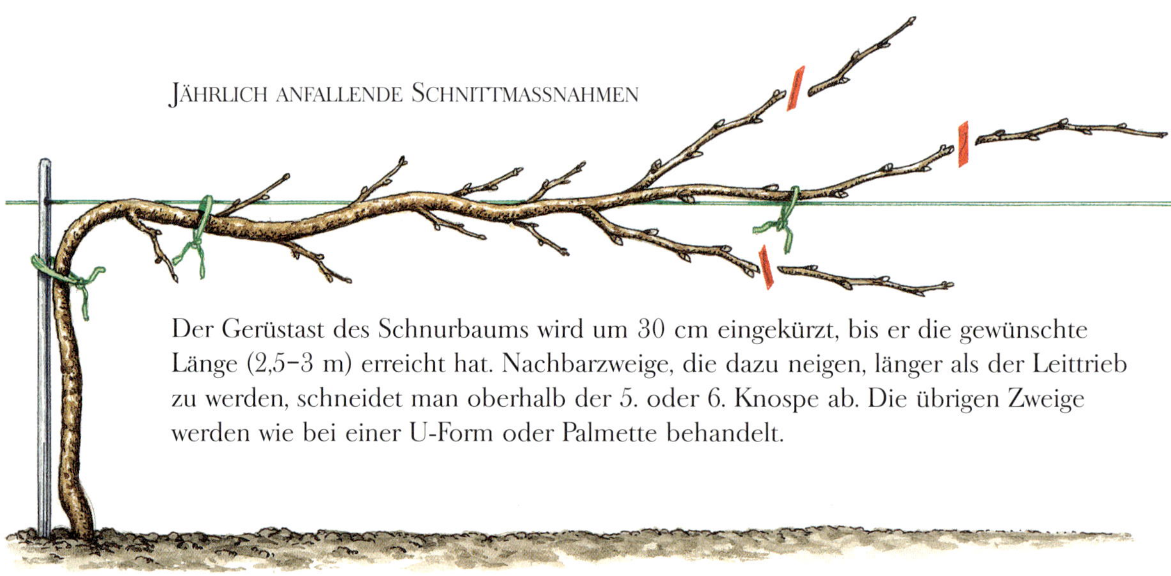

Der Gerüstast des Schnurbaums wird um 30 cm eingekürzt, bis er die gewünschte Länge (2,5–3 m) erreicht hat. Nachbarzweige, die dazu neigen, länger als der Leittrieb zu werden, schneidet man oberhalb der 5. oder 6. Knospe ab. Die übrigen Zweige werden wie bei einer U-Form oder Palmette behandelt.

## Die verschiedenen Zweigtypen des Apfelbaums

**Die verschiedenen des Apfelbaums entstehen aus einer Knospe (Auge), die sich je nach Versorgung mit Assimilaten nach dem unten gezeigten Schema entwickelt.**

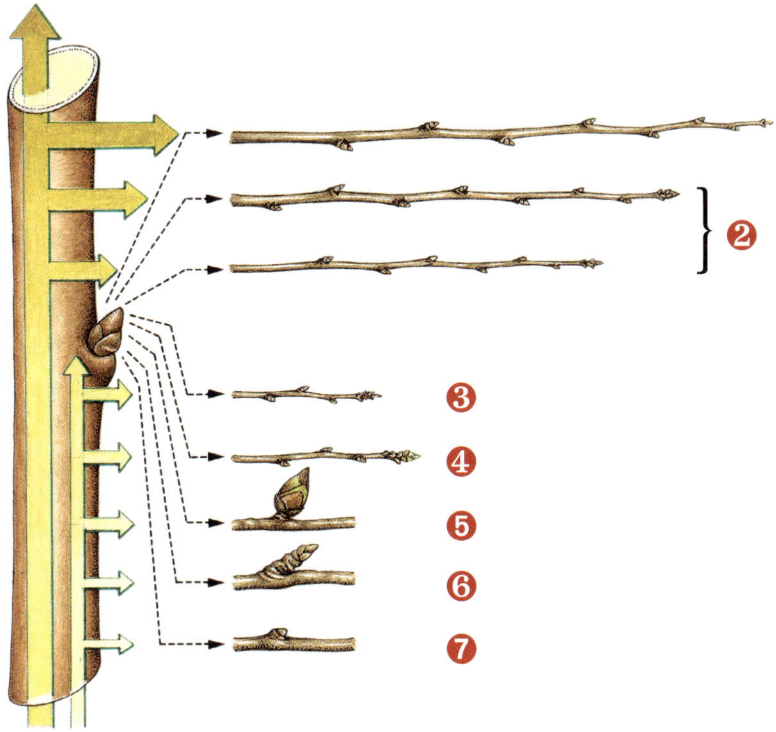


Das **Wasserreis** ❶ ist ein sehr kräftiger Zweig, der an den Krümmungen der dicksten Äste (der **Gerüst-** oder **Leitäste**) erscheint. Es beansprucht einen beträchtlichen Teil des Saftstroms auf Kosten der Kronenentwicklung und kann jährlich über 1 m wachsen. Wasserreiser müssen entfernt werden, indem man sie dicht an der Basis abschneidet.

Der **Holztrieb** ❷ ist kleiner als das Wasserreis und wächst 25–60 cm pro Saison; er trägt an der Seite und an der Spitze schlanke, spitze **Holzknospen** (Blattknospen, Blattaugen), aus denen sich weitere Holztriebe (steril) entwickeln. Durch gezielte Schnittmaßnahmen kann man den Holztrieb zur Bildung von Blütenknospen anregen. Beim Apfelbaum, wie auch bei der Birne, entwickelt sich eine Holzknospe nur selten zur Blütenknospe. Die Holzknospe kann jedoch einen Trieb hervorbringen, der Blütenknospen trägt, die aber nicht ausreifen. Sehr dünne Triebe werden als **Kurztrieb ohne Blütenknospen** bezeichnet ❸.

Diese Zweige (mit einer Blütenknospe als Terminalknospe) werden nicht geschnitten, da sie vom nächsten Jahr an als Fruchtholz die Fruchtbildung sichern. Ein zierlicher, kurzer Zweig mit endständiger Blütenknospe wird als **Fruchtspieß** ❹ bezeichnet.

Die **Blütenknospe** ❺, oder Fruchtknospe ist eine Knospe, die blühen und dann fruchten wird. Ihre Form ist rundlich, aufgeblasen und kugelig bis spitz; sie ist umgeben von einer Rosette aus 6 oder mehr Blättern.

Die **Übergangsknospe** ❻ ist eine spitze Knospe, relativ groß an der Basis und umgeben von einer Rosette aus 2 oder 3 Blättern. Ihre Entwicklung hängt davon ab, welche Schnittmaßnahmen Sie einsetzen: Sie kann sich zu einer Blütenknospe entwickeln oder einen Holztrieb bilden.

Die **Holzknospe** ❼ ist ein schlafendes Auge, das nicht ausgetrieben hat.

# Schnitt

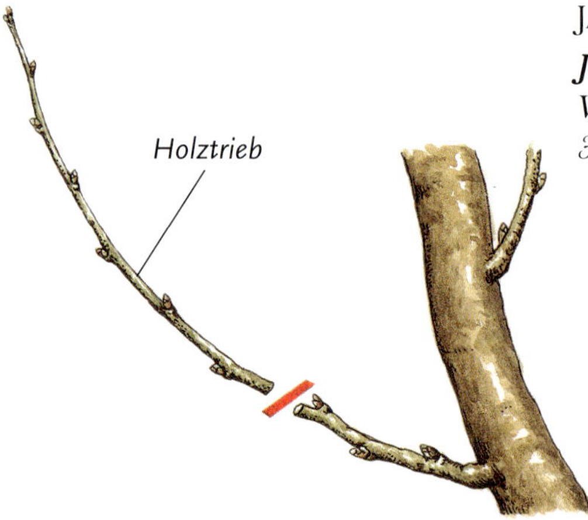


JÄHRLICH ANFALLENDE SCHNITTMASSNAHMEN

***Januar–Februar***

*Vom Gerüstast ausgehende Holztriebe werden oberhalb des 3. Auges (von unten gerechnet) zurückgeschnitten.*

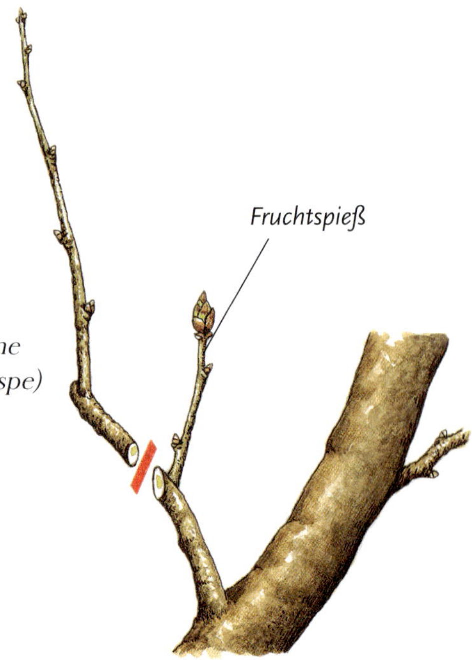


*Alles, was sich oberhalb von Fruchtspießen (kleine Zweige mit einer Blütenknospe als Terminalknospe) befindet, wird entfernt.*

*Schneiden Sie auch das oberhalb aller Blütenknospen befindliche Holz.*

*Wenn der aus dem Gerüstast hervorgegangene Trieb eine Übergangsknospe und einen einzigen Langtrieb trägt, wird dieser Langtrieb oberhalb der 1. Knospe (von unten gerechnet) abgeschnitten.*

*Haben sich oberhalb der Übergangsknospe 2 Triebe entwickelt, so schneidet man den der Übergangsknospe am nächsten stehenden Zweig oberhalb der 2. Knospe (von unten gerechnet) ab und entfernt den anderen komplett.*

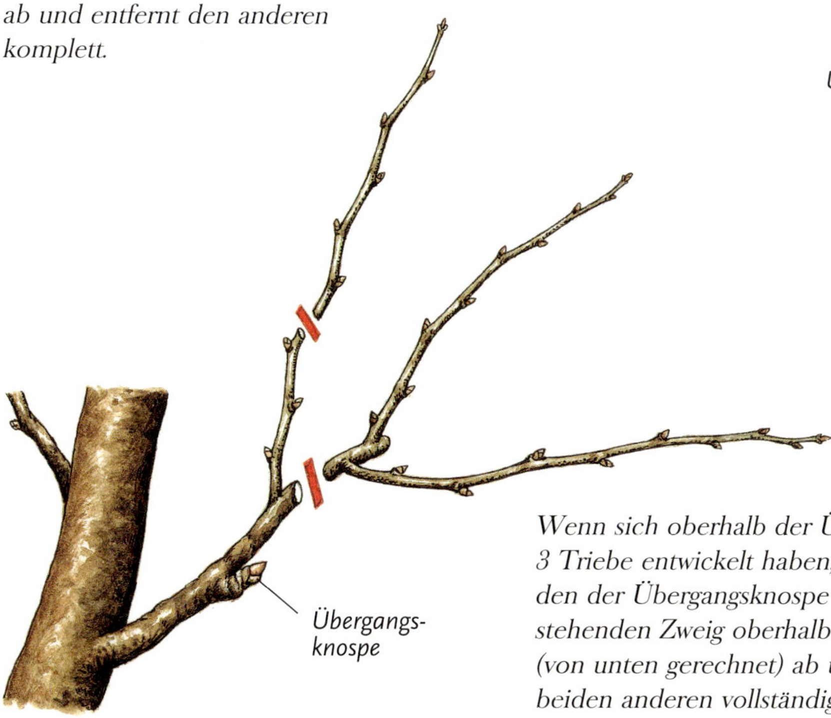


*Wenn sich oberhalb der Übergangsknospe 3 Triebe entwickelt haben, schneidet man den der Übergangsknospe am nächsten stehenden Zweig oberhalb der 3. Knospe (von unten gerechnet) ab und kürzt die beiden anderen vollständig ein.*

## Schnitt

*Juni*
*Wenn die Früchte walnussgroß sind, dünnt man die kleinsten aus, so dass pro Gruppe nur die am besten ausgebildeten Äpfel (1–2 Stück) übrig bleiben.*

## Pflege

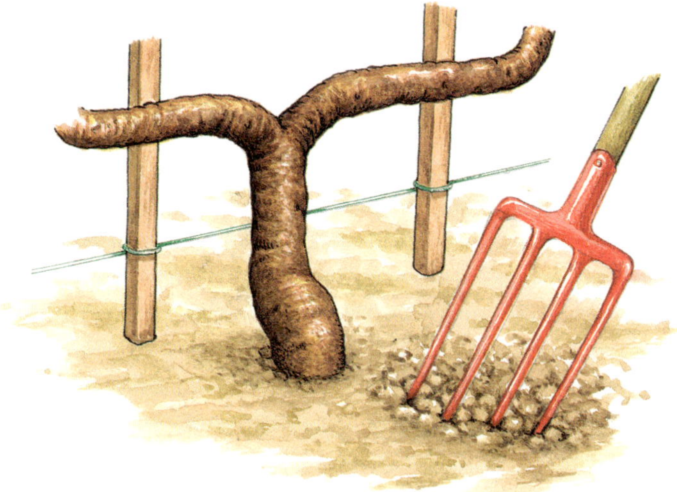

*Im März wird der Boden am Fuß des Spalierbaums mit der Grabgabel gelockert und ein Volldünger, gut verrotteter Stallmist oder Kompost eingearbeitet.*

*Um den Jungbaum vor Unkräutern, die eine Nährstoffkonkurrenz darstellen, zu schützen, müssen Sie die Baumscheibe unkrautfrei halten. Eine Mulchschicht, nach dem Jäten ausgebracht, kann hier Abhilfe schaffen. Sollten Wurzelunkräuter überhand nehmen, ist die Anwendung eines Herbizids empfehlenswert. Achten Sie auf die genaue Dosierung!*

**Krankheiten und Schädlinge des Apfelbaums sollten bereits beim ersten Anzeichen behandelt werden. Sobald die Früchte walnussgroß sind, kann man sie durch spezielle, in Gärtnereien käufliche Säckchen vor Insektenfraß, Krankheiten und Witterungsschäden schützen (Eintüten).**
**– Krankheiten: Apfelschorf, Feuerbrand, Echter Mehltau, Obstbaumkrebs.**
**– Schädlinge: Blutlaus, Grüne und Mehlige Apfelblattlaus, Apfelwickler.**
**– Milben: Obstbaumspinnmilbe.**

## Ernte

**Nach der Ernte entwickelt sich dort, wo der Fruchtstiel am Zweig angesetzt hat, eine fleischig erscheinende Masse, der Fruchtkuchen. Er trägt Anlagen und Organe für die Fruchtbildung, wie Fruchtspieß, Übergangsknospe oder Blütenknospe.**

*Äpfel werden gepflückt, sobald sie beginnen vom Baum zu fallen. Fassen Sie die Frucht mit der ganzen Hand und drehen Sie leicht, so dass sich der Fruchtstiel von alleine ablöst. Äpfel, die über den Winter gelagert werden sollen (so genannte Lageräpfel), werden vor der vollständigen Reife gepflückt; sie erreichen ihre Vollreife während der Lagerung.*

## Lagerung

*Lageräpfel werden in Kisten (jeweils nur eine Lage) mit dem Stiel nach unten einsortiert. Die Aufbewahrung erfolgt an einem dunklen, kühlen (3–6 °C) und feuchten (85 % Luftfeuchtigkeit) Ort, der jedoch frostfrei ist und regelmäßig belüftet werden kann.*

★★

# Aprikose

*Prunus armeniaca*

## Kultur
### von frei stehenden Formen

**Die Aprikose erträgt sehr niedrige Temperaturen (-20 bis -30 °C), allerdings sind die früh aufbrechenden Knospen und die Blüte sehr empfindlich gegen Frühjahrsfröste. Der Standort der Aprikose sollte sonnig, der Boden weder steinig noch verdichtet oder zu feucht sein.**

**Pflanztermin**
*Oktober–November, März*

**Pflanzabstand**
*7 m (Hoch- und Halbstamm)*
*5 m (Zwergstamm und Spalierbäume)*

**Blüte**
*Ende Februar–Ende März*

**Schnitt**
*November–März (frei stehend); Februar/März und nach der Ernte (Spalier)*

**Ernte**
*Juli–August*

### Pflanzung
***einer wurzelnackten Aprikose***

DREI MONATE VOR DER PFLANZUNG

*Um das Erdreich aufzulockern, gräbt man ein Loch von 1 m Kantenlänge und 80 cm Tiefe. Am tiefsten Punkt der Grube schlägt man einen Stützpfahl (Stammhöhe des Baumes plus 1 m) ein. Der Aushub wird mit einem Vorratsdünger oder organischem Dünger versetzt und anschließend ohne Verdichten wieder in die Pflanzgrube gefüllt.*

## Auswahl der Erziehungsform

*Hochstamm: 1,5–2 m* *Halbstamm: 1–1,5 m* *Zwergstamm: 30–80 cm*

1

In milden Gegenden gedeihen frei stehende, bereits erzogene Formen (**Hochstamm**, **Halbstamm** oder **Zwergstamm**) gut, die mindestens 6 Gerüstäste besitzen sollten.

2

In kühleren Gegenden, wo Frühjahrsfröste häufig sind, pflanzt man besser Spalierbäume. Das Wandspalier sollte in günstiger Lage (südost- oder südwestexponiert) angebracht werden, am besten geschützt durch ein Vordach.

Die Erziehung eines **Fächerbaums** müssen Sie im Allgemeinen selbst durchführen; als Ausgangsform dient eine einjährige Veredelung.

*Einjährige Veredelung*

## Pflanzung

### *einer wurzelnackten Aprikose*

SO PFLANZEN SIE RICHTIG

*Man hebt die Erde aus dem vorbereiteten Pflanzloch aus. Die Größe muss dabei etwa 1,5-fach größer als das Wurzelvolumen sein, und häufelt am Grund etwas Boden an. Verletzte Wurzeln werden abgeschnitten, die übrigen leicht eingekürzt. Die 6 Gerüstäste nimmt man um ein Drittel zurück und schneidet die restlichen Zweige über der 2. Knospe (von unten gerechnet) ab. Die Wurzeln werden in einem dünnflüssigen Lehmbrei eingeschlämmt.*

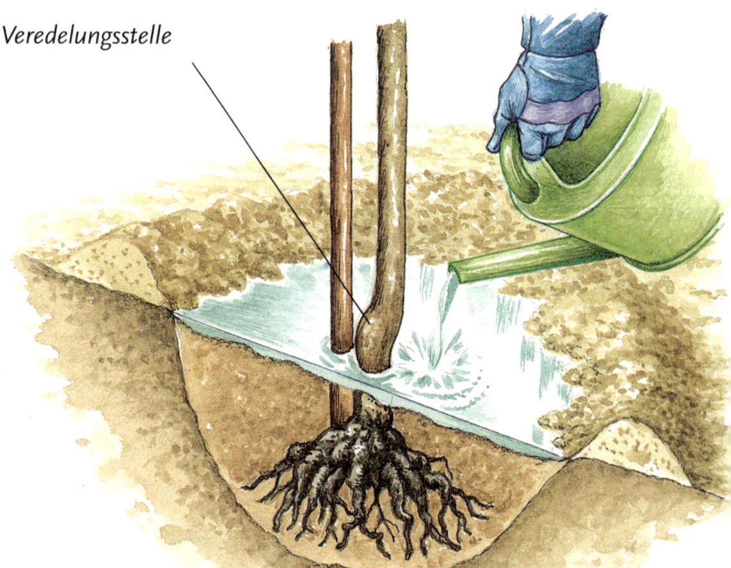


*Zur Orientierung platziert man einen geraden Stab über die Pflanzgrube, setzt das Obstgehölz ein, und achtet darauf, dass die Veredelungsstelle über dem Stab liegt. Falls nötig wird Erde hinzugefügt; anschließend breitet man die Wurzeln auf der angehäufelten Erde aus und füllt das Pflanzloch ohne Verdichten auf. Zum Schluss legt man einen kleinen Gießrand an, bewässert und bindet den Stamm am Stützpfahl fest.*

## Pflanzung

*einer Containerpflanze*

### Sortenempfehlungen

**Standardsorten:** 'Gabrielle Bergeron', 'Doucoeur', 'Luizet', 'Ungarische Beste', 'Royal'.
**Wiederentdeckungen:** 'Ampuis', 'Paviot', 'Aprikose von Nancy', 'Polonais', 'Rouge du Roussillon'.

*Die Bodenvorbereitung erfolgt wie bei der wurzelnackten Aprikose. Vor der Pflanzung taucht man den Container in Wasser und topft den Baum danach aus. Die Krone wird genauso zurückgeschnitten, wie beim wurzelnackten Baum beschrieben. Das Pflanzloch muss etwas größer als der Wurzelballen sein; steht der Baum im Pflanzloch, sollte die Oberkante des Ballens auf einer Ebene mit der Bodenoberfläche liegen. Anschließend wird mit Erde aufgefüllt und diese rings um den Wurzelballen mit einem Stock festgedrückt. Legen Sie vor dem Bewässern einen Gießrand an.*

## Schnitt

*Alle 3–4 Jahre kürzt man die äußeren Verzweigungen um 10–15 cm ein. Man schneidet Totholz heraus sowie Äste, die nicht mehr tragen oder ins Innere des Baumes wachsen.*

**Wenn man Äste mit mehr als 3–5 cm Durchmesser entfernt, müssen die Wundränder mit der Hippe sorgfältig geglättet werden. Streichen Sie über die Ränder hinaus die Wunde dicht mit Kunstrinde oder Wundbehandlungsmittel ein. Dies ermöglicht eine gute Wundheilung und verhindert Gummifluss (zähflüssiges Sekret).**

## Pflege

*Das Erdreich am Fuß des jungen Aprikosenbaums muss unkrautfrei sein und regelmäßig gewässert werden. Eine Mulchschicht aus Stroh, Grasschnitt oder Rindenmulch hält die Erde locker und feucht und unterdrückt Unkräuter. Bei starkem Auftreten von zweijährigen Unkräutern können Sie im Frühjahr ein Herbizid anwenden. Beachten Sie dabei genau die Dosierung, sonst schädigen Sie auch den jungen Baum.*

# Kultur eines Fächerbaums

## Pflanzung

Drei Monate vor der Pflanzung
*Installieren Sie die Spaliervorrichtung an der Wand; das Material ist in Gartencentern und Baumärkten erhältlich: Eisenhaken, die man in der Mauer verankert, Eisendraht und 1,5 cm x 1,5 cm dicke Holzlatten, die im Abstand von maximal 30 cm angebracht werden.*

*Heben Sie entlang der Mauer einen 60 cm breiten und tiefen Graben auf der gewünschten Länge aus, arbeiten Sie nun einen speziellen Dünger für Obstbäume oder gut verrottete organische Substanz in den Aushub ein. Der Graben wird, ohne zu verdichten, wieder aufgefüllt.*

## Pflanzung

So pflanzen Sie richtig

*Etwa 30 cm von der Mauer entfernt hebt man aus dem vorbereiteten Pflanzgraben ein Pflanzloch aus, das etwa 1,5-fach größer als das Wurzelvolumen der einjährigen Veredelung ist. Gepflanzt wird wie beim freistehenden Baum, die Veredelungsstelle sollte sich etwa handbreit über der Erdoberfläche befinden. Das junge Gehölz soll leicht zum Spaliergerüst hin geneigt sein; der Leittrieb wird 30 cm über dem Boden oberhalb der 2. gut sichtbaren Knospe (vom Boden aus gerechnet und seitlich liegend) eingekürzt.*

## Schnitt

Ein Jahr nach der Pflanzung

*Unmittelbar nach der Ernte kürzt man die beiden Gerüstäste (die Äste mit dem größten Durchmesser) je um ⅔ ein. Die übrigen Äste werden oberhalb der zweiten gut sichtbaren Knospe (vom Astgrund aus gerechnet) abgeschnitten.*

**In den Folgejahren sollten Sie die Schnittmaßnahmen darauf ausrichten, dass die Spalierfläche gleichmäßig mit fruchttragenden Trieben besetzt ist.**

## Die verschiedenen Triebe der Aprikose

**Die Triebe des Aprikosenbaums entstehen alle aus einer Holzknospe; je nach der Versorgung mit Assimilaten während der Wachstumszeit verläuft die Entwicklung dieser Knospe unterschiedlich.**

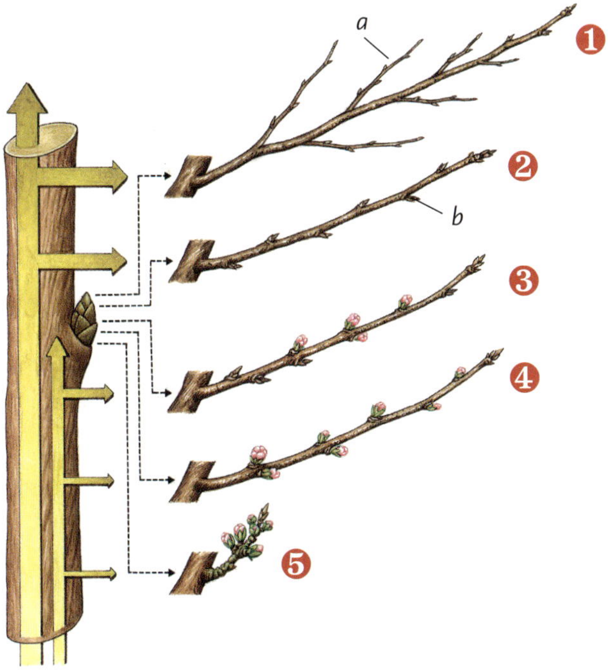


**❶ Das Wasserreis**
Sehr wüchsiger Zweig, der schon im ersten Jahr Verzweigungen trägt (a).

**❷ Der Holztrieb**
Er trägt nur dünne, spitze **Holzknospen** (b), aus denen sich im folgenden Sommer weitere Seitentriebe entwickeln. Bei mittlerer Wüchsigkeit kann er sich durch einen geeigneten Schnitt in einen fruchtbaren Trieb umwandeln. Wenn er starkwüchsig ist und vom ersten Jahr an Seitentriebe trägt, handelt es sich um ein Wasserreis.

**❸ Der gemischte Zweig**
Er trägt dünne, spitze **Holzknospen**, die später für seinen Ersatz sorgen, und rundliche **Blütenknospen**, die Früchte liefern. Diese Knospentypen können einzeln oder in 2er- oder 3er-Gruppen stehen: Man spricht dann von Zwillings- oder Drillingsknospen. In einer Blattachsel können sogar gleichzeitig Holz- und Blütenknospen stehen.

**❹ Der Fruchttrieb**
Dieser 15–30 cm lange Zweig trägt dicke, rundliche Knospen, die **Blütenknospen**. Sie bilden im folgenden Jahr eine Frucht und im Gegensatz zum Holztrieb keine Triebverlängerung.

**❺ Der Bukettzweig**
Er ähnelt einem sehr kurzen, nur 2–5 cm langen Fruchttrieb und zeichnet sich durch eine büschelige Anordnung von Blütenknospen aus.

## Schnitt

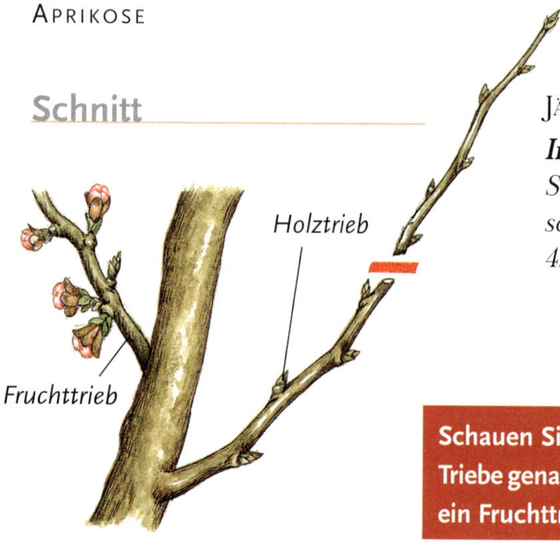


JÄHRLICH ANFALLENDE SCHNITTMASSNAHMEN

***Im Februar***

*Sobald sich rosafarbene Blütenblätter zeigen, schneidet man alle Holztriebe oberhalb der 4. oder 5. Knospe (von unten gerechnet) ab.*

**Schauen Sie sich vor dem Schneiden die Triebe genau an, damit nicht versehentlich ein Fruchttrieb geschnitten wird.**

*Gemischte Zweige werden oberhalb der 5. oder 6. Blütenknospe (von unten gerechnet) eingekürzt. Pro Zweig bleiben 2 Holzknospen (möglichst nahe am Gerüstast) erhalten.*

*An Trieben mit Bukettzweigen bleiben maximal 3 Bukettzweige erhalten.*

*Entfernen Sie abgetragene Zweige, die von Jahr zu Jahr weniger Blütenknospen tragen. An der Basis des Seitentriebs bleibt der Holztrieb erhalten; dieser wird oberhalb der 2. Holzknospe, die dem Gerüstast am nächsten steht, eingekürzt.*

**Von Ende April bis Anfang Mai**

*Sobald die Früchte walnussgroß sind, schneidet man den Ast oberhalb der 3.–5. Fruchtgruppe ab und entfernt die Seitentriebe. Die beiden Triebe an der Basis müssen erhalten bleiben, da sie das Fruchtholz des nächsten Jahres bilden. Lassen Sie beim Ausdünnen der Früchte nur die dickste und am besten geformte Aprikose stehen. Zweige, die aus derselben Blattachsel wie die Früchte entspringen, werden oberhalb des 3. oder 4. Blatts eingekürzt.*

**Nach der Ernte**

*Schneiden Sie den abgetragenen Fruchttrieb oberhalb des 2. Jungtriebs (von unten aus gerechnet) ab und fixieren Sie die beiden noch vorhandenen Triebe im Wachstumsverlauf am Spalier.*

## Pflege

*Im März wird der Boden am Fuß des Fächerspaliers mit der Grabgabel oberflächlich gelockert, so dass oberflächennahe Wurzeln nicht verletzt werden. Arbeiten Sie einen speziellen Dünger für Obstbäume, gut verrotteten Stallmist oder Kompost ein.*

*Während der Vegetationszeit bindet man die Äste fortlaufend am Spalier fest und formiert den Baum dabei als Fächer.*

**Wie bei der frei stehenden Aprikose ist es wichtig, das Erdreich rund um den Spalierbaum unkrautfrei zu halten. Ein Mulchen mit organischem Material bringt eine ausgeglichene Bodenfeuchtigkeit und unterdrückt das Wachstum der Unkräuter. Bei mehrjährigen Wurzelunkräutern kann eine Herbizidbehandlung notwendig werden. Informieren Sie sich am besten beim örtlichen Landwirtschaftsamt über die zugelassenen Mittel.**

*Wenn zu Beginn der Blütezeit noch kalte Nächte mit Frostgefahr drohen, bringt man vor dem Spalierbaum einen Vorhang (aus Jutegewebe) an, der abends zugezogen werden kann.*

**Krankheiten und Schädlinge der Aprikose sollten bereits beim ersten Anzeichen behandelt werden.**
**– Krankheiten: Monilia-Spitzendürre, Pfirsich-Kräuselkrankheit, Schrotschusskrankheit.**
**– Schädlinge: Blattläuse, Fruchtfliegen.**

## Ernte

*Die Aprikosen werden gepflückt, sobald sie sich weich anfühlen und gut ausgefärbt sind. Wenn man den Baum alle 2–3 Tage durchpflückt, erntet man keine überreifen Früchte – bei 3 °C können Aprikosen 15 bis 20 Tage aufbewahrt werden.*

★★

# Birne

*Pyrus communis*

**Birnbäume gedeihen bis in Höhenlagen von max. 1000 m überall. Der Boden sollte bindig und lehmig, nährstoffreich, durchlässig und insbesondere kalkfrei sein. Die Spalierformen (Wandspalier oder frei stehendes Spalier) bevorzugen eine Südost- oder Südwest-Exposition.**

**Pflanztermin**
*Oktober–November, März*
**Pflanzabstand**
*7–8 m (frei stehende Bäume); 0,3–1,2 m (Spalierformen)*
**Blüte**
*März–Anfang April (je nach Sorten und Region)*
**Schnitt**
*November (frei stehende Bäume); Januar/Februar, Mai (Spalierformen)*
**Ernte**
*Juli–Ende Oktober*

## Kultur
### von frei stehenden Formen

### Pflanzung
***eines wurzelnackten Birnbaums***

DREI MONATE VOR DER PFLANZUNG

*Graben Sie ein Loch von 1 m Kantenlänge und 80 cm Tiefe und schlagen Sie am tiefsten Punkt einen Stützpfahl (Stammhöhe des Baumes plus 1 m) ein. Der Aushub wird mit Spezialdünger für Obstbäume, Kompost oder gut verrottetem Stallmist versetzt und anschließend ohne Verdichten wieder in die Pflanzgrube gefüllt.*

## Auswahl der Erziehungsform

FÜR GROSSE GÄRTEN

Wählen Sie frei stehende Formen (**Hoch-** und **Halbstamm**), die bereits beim Kauf 3 oder 6 Gerüstäste besitzen.

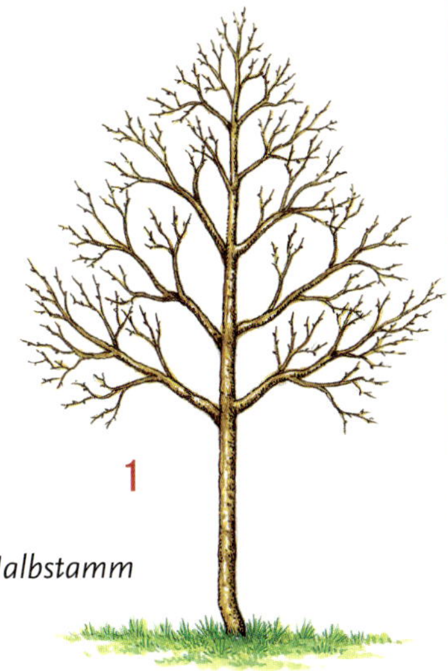

1

*Halbstamm*

*U-Form*

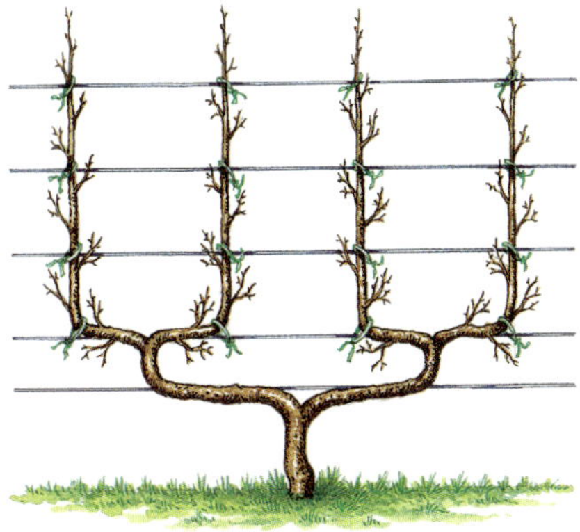

*Doppel-U-Form*

2

*Verrier-Palmette*

FÜR KLEINE GÄRTEN

Wählen Sie **U-Formen** oder **Palmetten**, die leicht zu pflegen sind (U-Form, Doppel-U-Form, Verrier-Palmette). Sie werden am Wandspalier (3–4 m hoch) oder am frei stehenden Spalier (2,5–3 m) gepflanzt.

*senkrechter Schnurbaum*

3

WENN SIE KEINEN PLATZ HABEN

Pflanzen Sie senkrechte Schnurbäume – jeweils 1 Exemplar pro Sorte – in 30 cm Abstand. Ein **senkrechter Schnurbaum** lässt sich leicht aus einer einjährigen Veredelung erziehen.

## Pflanzung

### eines wurzelnackten Birnbaums

SO PFLANZEN SIE RICHTIG

*Man hebt ein Pflanzloch aus, das etwas größer als die Wurzeln ist, schneidet verletzte Wurzeln ab und kürzt die restlichen ein paar Zentimeter ein.*

*Zusätzlich nimmt man die Gerüstäste auf etwa 25 cm zurück, indem man unmittelbar über einer gut sichtbaren, nach außen weisenden Knospe abschneidet.*

*Die Wurzeln werden in einem dünnflüssigen Lehmbrei eingeschlämmt. Häufeln Sie etwas Erde im Pflanzloch an und breiten Sie die Wurzeln darauf aus. Ein gerader Stab über dem Pflanzloch zeigt Ihnen, ob die Veredelungsstelle oberhalb liegt. Falls nötig fügt man noch Erde hinzu und füllt dann das Pflanzloch auf. Achten Sie auf einen guten Bodenschluss. Anschließend wird ein kleiner Gießrand angelegt, bewässert und der Stamm am Stützpfahl befestigt.*

# Pflanzung

## *eines Birnbaums im Container*

*Die Bodenvorbereitung erfolgt wie bei der wurzelnackten Birne. Kurz vor der Pflanzung taucht man den Container in Wasser, topft die Pflanze aus und gräbt das Pflanzloch: Dieses soll etwas größer als der Wurzelballen sein – dessen Oberkante muss auf einer Ebene mit der Bodenoberfläche liegen, wenn der Baum im Pflanzloch steht. Beim Auffüllen muss das Erdreich gut verdichtet werden. Anschließend legt man einen Gießrand an und bewässert. Die Gerüstäste werden auf etwa 25 cm eingekürzt.*

### Sortenempfehlungen

**Standardsorten:** 'Gellerts Butterbirne', 'Konferenzbirne', 'Delbard d'automne', 'Delbardélice', 'Delbard Gourmande', 'Vereinsdechantsbirne', 'Delwilmor', 'Gute Louise', 'Péradel', 'Williams-Christbirne'.
**Wiederentdeckungen:** 'Esperens Bergamotte', 'Hochfeine Butterbirne', 'Pastorenbirne', 'Herzogin von Angoulême', 'Grand Champion', 'Josephine von Mecheln', 'Blumenbachs Butterbirne', 'Sucré de Montluçon', 'Triumph von Vienne'.

## Schnitt

EIN JAHR NACH DER PFLANZUNG

*Wenn der Baum bei der Pflanzung 3 Leitäste hatte, kürzt man die sich neu entwickelten 6 Gerüstäste auf 25 cm Länge ein.*

*Falls der Birnbaum bereits bei der Pflanzung 6 Gerüstäste hatte, ist dieser Schnitt unnötig.*

ALLE 5 JAHRE

*Wasserreiser (senkrechte, sehr wüchsige Äste) und gegabelte Äste, die sich kreuzen und das Innere der Krone zu stark verdichten, werden entfernt. Alle anderen Äste kürzt man etwa um ¼ ein, so dass die natürliche Pyramidenform der Birne erhalten bleibt.*

## Pflege

*Das Erdreich am Fuß des jungen Birnbaums muss regelmäßig gejätet werden. Mulchen Sie die Baumscheibe mit Stroh, Grasschnitt oder Rindenmulch, so unterdrücken Sie das Unkrautwachstum und erhalten gleichzeitg die Bodenfeuchtigkeit.*

# Kultur von Spalierformen (U-Formen, Palmetten und Schnurbäume)

## Pflanzung

DREI MONATE VOR DER PFLANZUNG

***Wandspalier***

*Längs der Mauer hebt man einen 60 cm breiten und tiefen Graben auf der gewünschten Länge aus, arbeitet einen Volldünger in den Aushub ein und füllt wieder auf, ohne zu verdichten.*

*Das Spaliergerüst wird an einer 2,5–3 m hohen Wand installiert: Als Material dienen flache Eisenhaken, die man in der Mauer verankert, Eisendraht und 1,5 cm x 1,5 cm dicke Latten (Länge je nach Spalierhöhe), die man im Abstand von 30 cm anbringt.*

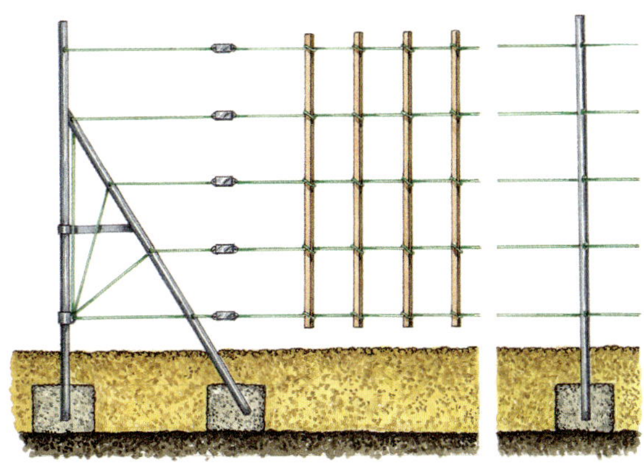

***Freistehendes Spalier***

*Heben Sie einen Graben wie oben beschrieben aus. Im Abstand von 4–5 m in der Grabensohle werden zwei eiserne, 3–3,5 m hohe T-Pfosten platziert, die in Zementblöcke eingelassen sind, und der Graben wieder aufgefüllt. Diese T-Pfosten werden durch Reihen aus Spanndraht verbunden, an dem man die Holzlatten fixiert.*

SO PFLANZEN SIE RICHTIG

*Aus dem vorbereiteten Pflanzgraben werden Löcher ausgehoben, die etwas größer als die Wurzeln des Baumes sind. Die Gerüstäste von benachbarten Bäumen sollen im Abstand von 30 cm zueinander stehen. Der Birnbaum wird entsprechend platziert und das Pflanzloch anschließend genauso aufgefüllt wie beim freistehenden Baum.*

## Kultur eines senkrechten Schnurbaums

Die Pflanzung erfolgt im Oktober/November oder im März, genau wie bei einer U-Form am frei stehenden Spalier oder am Wandspalier. Der Jungbaum – mit einem einzigen senkrechten Trieb – wird unmittelbar vor eine Latte gepflanzt und anschließend bis auf 50–60 cm über dem Boden eingekürzt. Der Schnitt soll über einem nach vorne weisenden Auge liegen. Die weitere Erziehung eines senkrechten Schnurbaums erfolgt genauso wie bei einer U-Form.

## Schnitt

NACH DER PFLANZUNG

***U-Form***

*Kürzen Sie die Gerüstäste je um 25 cm ein – der Schnitt soll immer über einer nach vorne oder nach außen weisenden Knospe ausgeführt werden.*

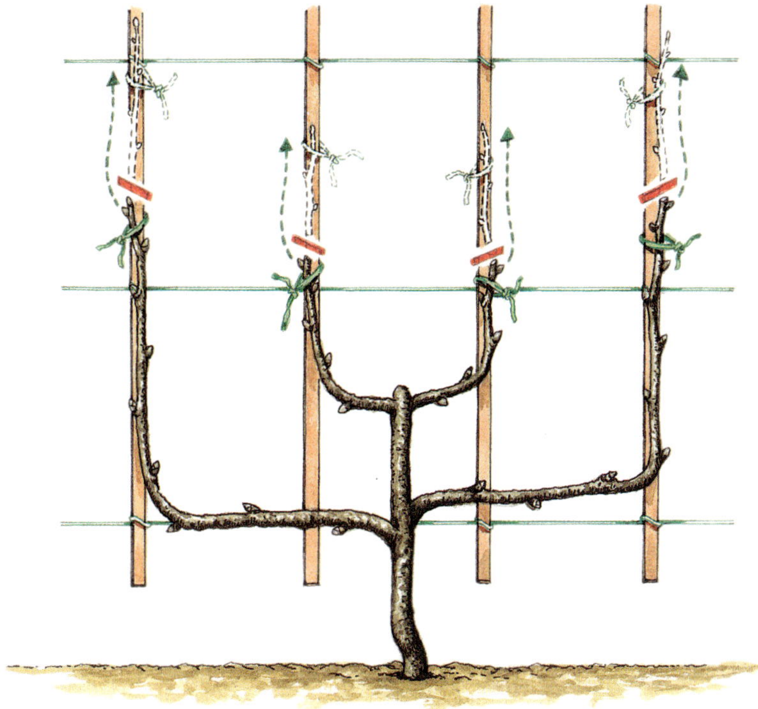

***Verrier-Palmette***
*Kürzen Sie die beiden äußeren Gerüstäste je um 25 cm und die beiden inneren Äste je um 20 cm ein – der Schnitt soll immer über einer nach vorne oder nach außen weisenden Knospe ausgeführt werden.*

**Man bindet die Gerüstäste bereits von Anfang an bzw. fortlaufend während des Wachstums an den Latten fest.**

JÄHRLICH ANFALLENDE SCHNITTMASSNAHMEN

***Januar–Februar***
*Vom Gerüstast ausgehende Holztriebe werden oberhalb des 3. Auges (von unten gerechnet) zurückgeschnitten.*

**Unabhängig von der Form des Spalierbaums kürzt man die Gerüstäste jährlich um etwa 25 cm ein, bis die endgültige Länge (2–2,5 m) erreicht ist.**

## Die verschiedenen Zweigtypen des Birnbaums

**Die verschiedenen Triebe des Birnbaums entstehen aus einer Knospe (Auge), die sich je nach Versorgung mit Assimilaten nach dem unten gezeigten Schema entwickelt.**

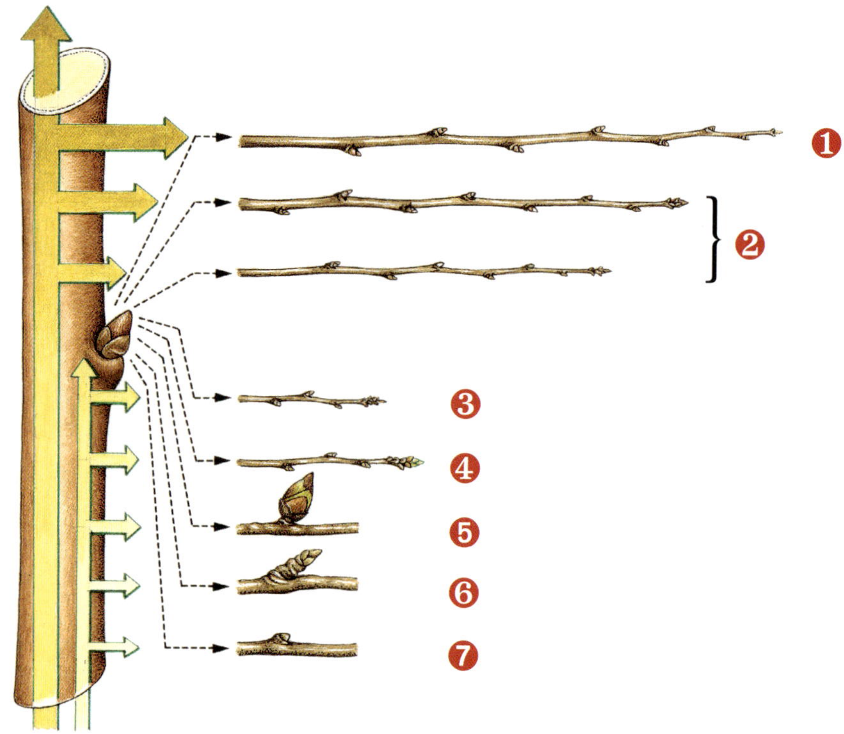


Das **Wasserreis** ❶ ist ein sehr kräftiger Zweig, der an den Krümmungen der dicksten Äste (der **Gerüst-** oder **Leitäste**) erscheint. Es beansprucht einen beträchtlichen Teil des Saftstromes auf Kosten der Gesamtkrone und kann jährlich über 1 m wachsen. Wasserreiser müssen entfernt werden, indem man sie dicht an der Basis abschneidet.

Der **Holztrieb** ❷ ist kleiner als das Wasserreis und wächst 25–60 cm pro Saison; er trägt an der Seite und an der Spitze schlanke, spitze **Holzknospen** (Blattknospen, Blattaugen) aus denen sich weitere Holztriebe (steril) entwickeln. Durch gezielte Schnittmaßnahmen kann man den Holztrieb zur Bildung von Blütenknospen anregen. Beim Birnbaum entwickelt sich eine Holzknospe nur selten zur Blütenknospe. Die Holzknospe kann jedoch einen einjährigen Spross hervorbringen, der Blütenknospen trägt, die aber nicht zur Reife kommen. Sehr dünne Triebe werden als **Kurztrieb ohne Blütenknospen** bezeichnet ❸.

Diese Zweige (mit einer Blütenknospe als Terminalknospe) werden nicht geschnitten, da sie vom nächsten Jahr an als Fruchtholz die Fruchtbildung sichern. Ein 5–10 cm kurzer Zweig mit endständiger Blütenknospe wird als **Fruchtspieß** ❹ bezeichnet.

Die **Blütenknospe** ❺ oder Fruchtknospe ist eine Knospe, die blühen und dann fruchten wird. Ihre Form ist rundlich, aufgeblasen, kugelig bis spitz; sie ist umgeben von einer Rosette aus 6 oder mehr Blättern.

Die **Übergangsknospe** ❻ ist eine spitze Knospe, relativ groß an der Basis und umgeben von einer Rosette aus 2–3 Blättern. Ihre Entwicklung hängt davon ab, welche Schnittmaßnahmen Sie einsetzen: Sie kann sich zu einer Blütenknospe entwickeln oder einen Holztrieb bilden.

Die **Holzknospe** ❼ ist ein schlafendes Auge, das nicht ausgetrieben hat.

## Schnitt

***Februar***
*Alle Seitenzweige, die einen Fruchtspieß (mit einer Blütenknospe als Terminalknospe) tragen, werden oberhalb des Fruchtspießes eingekürzt.*

*Ferner kürzt man alle Seitenzweige, die eine Blütenknospe tragen, unmittelbar oberhalb dieser Knospe ein.*

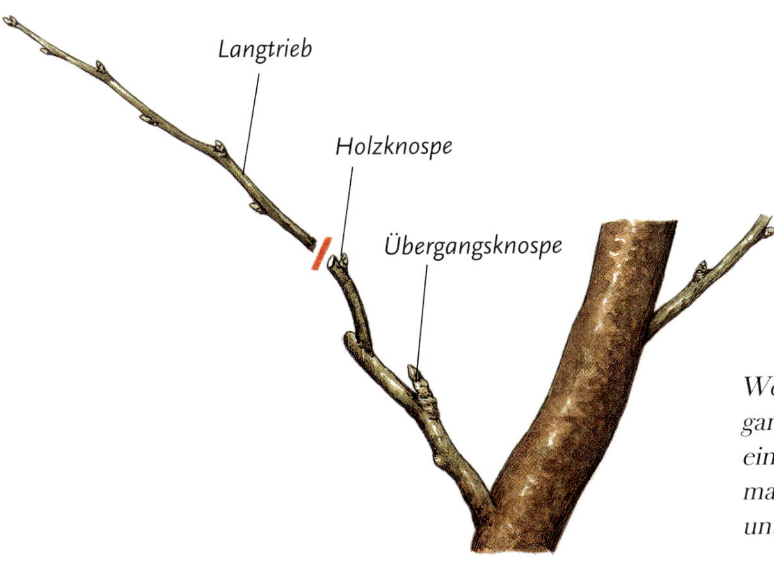


*Wenn der aus dem Gerüstast hervorgegangene Trieb eine Übergangsknospe und einen einzigen Langtrieb trägt, schneidet man diesen oberhalb der 1. Knospe (von unten gerechnet) ab.*

## Schnitt

*Wenn sich oberhalb der Übergangsknospe 2 Triebe entwickelt haben, schneidet man den der Übergangsknospe am nächsten stehenden Zweig oberhalb der 2. Knospe (von unten gerechnet) ab und entfernt den anderen Zweig komplett.*

*Haben sich oberhalb der Übergangsknospe 3 Triebe entwickelt, so schneidet man den der Übergangsknospe am nächsten stehenden Zweig oberhalb der 3. Knospe (von unten gerechnet) ab und entfernt die anderen beiden Zweige vollständig.*

***Mai***
*Wenn Sie größere Birnen ernten wollen, sollten Sie einige Früchte ausdünnen, wenn sie walnussgroß sind, so dass pro Gruppe nur ein oder zwei Birnen übrig bleiben (die dicksten).*

**Von Mai–September schneidet man alle Jungtriebe, die dazu neigen einen Leittrieb im Wachstum zu überholen, oberhalb des 5. oder 6. Blattes ab (von unten gerechnet).**

## Pflege

*Führen Sie im März am Fuß der Spalierbäume eine leichte Bodenbearbeitung mit der Grabgabel durch und arbeiten Sie einen Volldünger, gut verrotteten Stallmist oder Kompost ein.*

**Das Erdreich am Fuß des Spalierbaums wird gejätet und unkrautfrei gehalten. Harnäckige Unkräuter können im Notfall mit einem Herbizid behandelt werden. Achten Sie dabei genau auf die Dosierungsempfehlung, um dem Baum selbst nicht zu schaden. Besser ist es, eine Mulchschicht auszubringen.**

**Krankheiten und Schädlinge des Birnbaums sollten bereits beim ersten Anzeichen behandelt werden. Sobald die Früchte walnussgroß sind, kann man sie durch spezielle, in Gärtnereien käufliche Säckchen vor Insektenfraß, Krankheiten und Witterungsschäden schützen (Eintüten).**

**– Krankheiten: Birnenschorf, Birnengitterrost, Feuerbrand.**

**– Schädlinge: Birnenblattsauger, Wicklerraupen, Frostspanner.**

**– Milben: Birnenpockenmilbe, Obstbaumspinnmilbe.**

## Ernte

*Man pflückt, sobald die ersten Früchte vom Baum fallen und sich verfärben. Fassen Sie die Birne mit der ganzen Hand, indem Sie den Zeigefinger an den Fruchtstiel legen und leicht drehen, so dass sich die Frucht von alleine ablöst. Birnen, die über den Winter gelagert werden sollen (so genannte Lagerbirnen), werden vor der vollständigen Reife gepflückt; sie erreichen ihre Vollreife während der Lagerung.*

**Nach der Ernte entwickelt sich dort, wo der Fruchtstiel am Zweig angesetzt hat, eine fleischig aussehende Masse, der so genannte Fruchtkuchen. Er trägt Anlagen und Organe für die Fruchtbildung, wie Fruchtspieß, Übergangsknospe oder Blütenknospe.**

## Lagerung

*Man lagert je eine Schicht Lagerbirnen mit dem Stiel nach oben in Kisten mit mehreren Lagen Zeitungspapier. Die Aufbewahrung erfolgt an einem dunklen, kühlen (3–6 °C) und feuchten (85 % Luftfeuchtigkeit) Ort, der jedoch frostfrei ist, regelmäßig belüftet werden kann und nicht als Lagerraum für andere Lebensmittel dient.*

**Je nach Sorte können Birnen nur einige Tage (Frühbirnen) bzw. bis zu 10 Wochen (Lagerbirnen) gelagert werden. Letzere müssen vor dem ersten Frost gepflückt werden.**

# Brombeere

*Rubus fruticosus*

## Kulturanleitung

**Brombeeren gedeihen an einem sonnigen Standort, auch auf schlechteren Böden. Ein geschützter Standort ist in jedem Fall günstig, denn die Brombeere verträgt zwar raues Klima, leidet jedoch unter kaltem Wind und Wassermangel. Sie bevorzugt tiefgründigen, mittelschweren, kalkarmen Boden.**

**Pflanztermin**
*Oktober–November, März (wurzelnackte Pflanzen); ganzjährig (Container)*

**Pflanzabstand**
*2–4 m*

**Blüte**
*Juni–September*

**Schnitt**
*August, Ende Oktober*

**Ernte**
*Ende Juli–Ende September*

### Pflanzung

ZWEI MONATE VOR DER PFLANZUNG

*Man hebt entweder einzelne Pflanzlöcher von 50 cm Kantenlänge und Tiefe aus oder einen 50 cm breiten und tiefen Graben in der gewünschten Länge. Der Aushub wird mit einem Spezialdünger für Beerenobst, Kompost oder gut verrottetem Stallmist versetzt und ohne Verdichten wieder aufgefüllt.*

## Auswahl der Erziehungsform

Ernte und Pflegemaßnahmen werden vereinfacht, wenn man eine aufgebundene Erziehungsform am Drahtrahmen auswählt. Brombeeren werden im Anzuchttopf als 2- bis 3-jährige Pflanze angeboten oder mit 60–150 cm langen Ruten, als Containerpflanze verkauft.

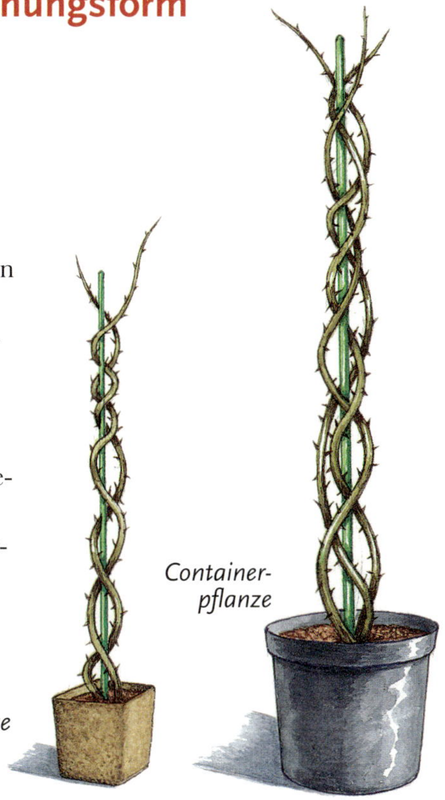


### Sortenempfehlungen

***Brombeeren mit schwarzen Früchten:*** 'Black Satin', 'Darrow' (stachelig), 'Dirksen', 'Wilsons Frühe' (wenig stachelig), 'Smoothstem', 'Thornfree','Thornless Evergreen'.

***Rubus Hybriden:*** 'Nessy', 'Jumbo'.

**Etliche Brombeersorten besitzen keine Stacheln; dadurch werden Schnitt, Aufbinden und Ernte wesentlich vereinfacht. Unsere Sortenempfehlung sind stachellos, wenn nicht anders vermerkt.**

## Pflanzung

SO PFLANZEN SIE RICHTIG

*Man taucht den Container in Wasser und topft die Pflanze danach aus. Das Pflanzloch sollte etwa doppelt so groß wie der Wurzelballen sein. Setzen Sie die Pflanze so, dass der Erdballen mit 3–5 cm Erde überdeckt werden kann.*

*Anschließend füllt man mit Erde auf und drückt diese mit einem Stab rund um den Wurzelballen gut fest, legt einen Gießrand an und bewässert. Jede Ranke wird auf 30–40 cm Länge eingekürzt.*

# Schnitt

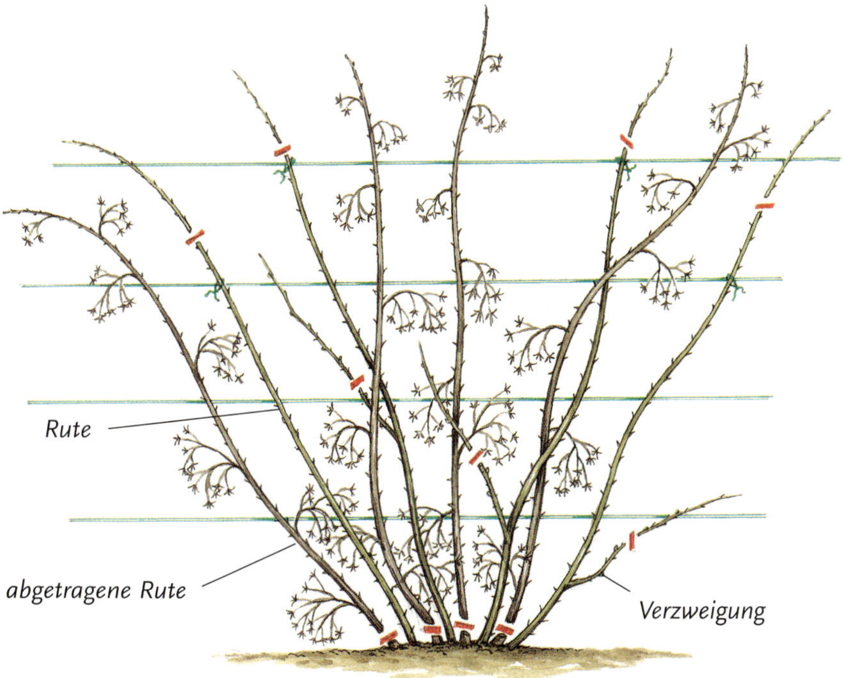


*Im August werden die Seitentriebe aller jungen Ruten, die im folgenden Jahr tragen, auf 10 cm zurückgeschnitten. Alle Ruten, die bereits im vergangenen Sommer getragen haben werden im Oktober bodennah abgeschnitten. Die restlichen Ranken werden fächerförmig aufgebunden, so dass die Spalierfläche gleichmäßig ausgefüllt ist. Ruten, die den Nachbarstrauch berühren, werden eingekürzt. Eventuelle Verzweigungen können Sie über der 2. Knospe (von unten gerechnet) abschneiden.*

## Pflege

*Sobald die Vegetationsruhe im März beendet ist, lockert man die Erde vorsichtig mit einem Grubber oder einer Grabgabel und arbeitet dabei einen Spezialdünger für Beerenobst, Kompost oder gut verrotteten Stallmist ein.*

**Das Erdreich am Fuß der Sträucher muss durch leichtes Hacken und regelmäßiges Jäten unkrautfrei gehalten werden. Diese Arbeit kann man vermeiden, wenn man rund um die Sträucher eine dauerhafte Mulchschicht aus Grasschnitt, Rindenmulch oder Stroh ausbringt.**

*Über den Sommer bindet man die Ranken kontinuierlich fächerförmig am Drahtrahmen auf; dabei hält man den mittleren Bereich frei, damit man dort die kräftigsten Jungtriebe fixieren kann, die sich aus dem Wurzelstock entwickeln: Sie bilden im nächsten Jahr den Ersatz für die abgetragenen Triebe.*

**Krankheiten und Schädlinge der Brombeere sollten bereits beim ersten Anzeichen behandelt werden.**
**– Krankheiten: Brombeerrost, Grauschimmelfäule.**
**– Schädlinge: Blattläuse, Himbeerkäfer.**
**– Milben: Brombeergallmilbe.**

## Ernte

*Brombeeren werden gepflückt, wenn sie schön ausgefärbt sind und weich werden. Man erntet am Morgen, nachdem der Tau verschwunden ist, und benutzt ein mit Seidenpapier ausgeschlagenes Körbchen, damit die Beeren keine Druckstellen bekommen. Da die Beeren nach und nach reifen werden, müssen Sie mehrmals durchpflücken.*

★★

# Esskastanie

*Castanea sativa*

## Kulturanleitung

**Die Esskastanie wurde von den Römern nach Deutschland gebracht; sie gedeiht heute überall in wärmeren Gegenden und ist dort verwildert. Wegen der späten, frostempfindlichen Blüte kann sie in kühlen Berglagen nicht kultiviert werden. Sie bevorzugt einen halbschattigen Standort mit durchlässigem und kalkfreiem Sandboden.**

**Pflanztermin**
*November, März*
**Pflanzabstand**
*10–15 m*
**Blüte**
*Juni*
**Schnitt**
*November–Ende März*
**Ernte**
*Mitte September–Mitte November (je nach Sorten und Region)*

### Pflanzung

***einer wurzelnackten Esskastanie***

DREI MONATE VOR DER PFLANZUNG

*Um das Erdreich aufzulockern, gräbt man ein Loch von 1 m Kantenlänge und 80 cm Tiefe. Am tiefsten Punkt der Grube schlägt man einen Stützpfahl (Stammhöhe des Baumes plus 1 m) ein. Mischen Sie den Aushub mit einem Spezialdünger, Kompost oder gut verrottetem Stallmist. Anschließend wird alles ohne Verdichten wieder in die Pflanzgrube gefüllt.*

## Auswahl der Erziehungsform

Esskastanien werden nur als **Hochstamm** verkauft; je nach Alter haben sie 3 oder 6 Gerüstäste.

### Sortenempfehlungen

**Standardsorten:** 'Châtaigne de Laguépie', 'Châtaigne Précoce Migoule', 'Marron Bouche Rouge', 'Marron Bournette', 'Marron Marigoule'.
**Wiederentdeckungen:** 'Châtaigne d'Isola', 'Châtaigne Pellegrine', 'Marron Belle Épine', 'Marron Comballe', 'Marron d'Olargues'.

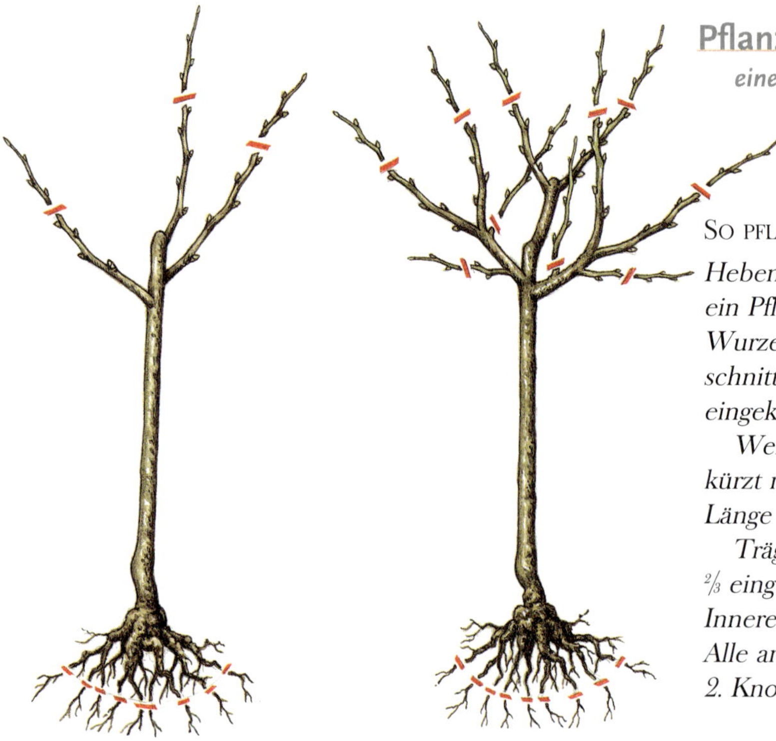

## Pflanzung

### einer wurzelnackten Esskastanie

SO PFLANZEN SIE RICHTIG

*Heben Sie aus der vorbereiteten Pflanzgrube ein Pflanzloch aus, das etwas größer als die Wurzeln ist. Verletzte Wurzeln müssen abgeschnitten, die restlichen ein paar Zentimeter eingekürzt werden.*

*Wenn der Baum nur 3 Gerüstäste besitzt, kürzt man diese auf ⅔ der ursprünglichen Länge ein.*

*Trägt er 6 Gerüstäste wird ebenfalls auf ⅔ eingekürzt; außerdem werden aber noch ins Innere der Krone gerichtete Zweige entfernt. Alle anderen schneidet man oberhalb der 2. Knospe (von unten gerechnet) ab.*

*Die Wurzeln werden in einem dünnflüssigen Lehmbrei eingeschlämmt, damit der Baum besser anwächst.*

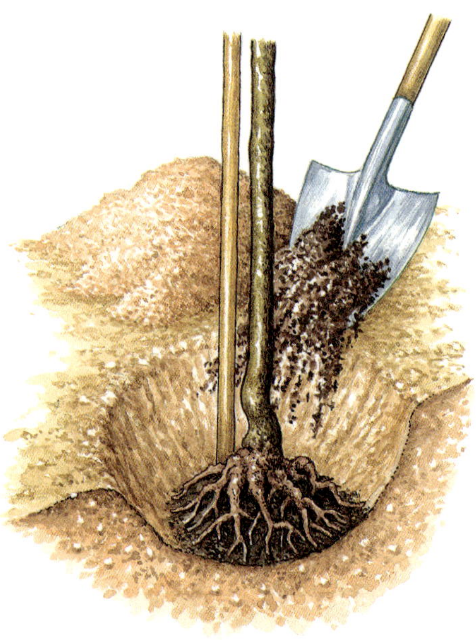

*Legen Sie einen geraden Stab über das Pflanzloch: Der Wurzelhals darf höchstens 10 cm unterhalb liegen. Man häufelt etwas Erde im Pflanzloch an, breitet die Wurzeln darauf aus und füllt dann auf, ohne zu verdichten. Zum Schluss wird ein Gießrand angelegt, bewässert und der Stamm am Stützpfahl befestigt.*

# Pflanzung

### *einer Containerpflanze*

*Die Bodenvorbereitung erfolgt wie bei der wurzelnackten Esskastanie. Vor der Pflanzung taucht man den Container in Wasser und topft den Baum danach aus. Das Pflanzloch soll etwas größer als der Wurzelballen sein; dessen Oberfläche muss nach dem Einpflanzen noch sichtbar sein. Anschließend füllt man mit Erde auf und drückt diese gut fest, legt einen Gießrand an und bewässert.*

*Der Kronenschnitt erfolgt wie beim wurzelnackten Baum.*

**Vergessen Sie nicht, größere Schnittwunden (mehr als 3–5 cm Durchmesser) mit Wundverschlussmittel zu bestreichen.**

# Schnitt

*Je nach Entwicklung der Esskastanie werden im Abstand von 5–10 Jahren alle Äste, die senkrecht und sehr stark wachsen entfernt, ferner Äste, die sich kreuzen, sich berühren oder ins Kroneninnere wachsen. Totholz und Wurzelschösslinge werden herausgeschnitten.*

## Pflege

*Das Erdreich am Fuß der jungen Esskastanie muss gejätet und unkrautfrei gehalten werden. Hartnäckige Wurzelunkräuter vertreibt man oft nur mit einem Herbizid. Informieren Sie sich über zugelassene Mittel in Ihrer Gärtnerei oder dem zuständigen Landwirtschaftsamt.*

**Krankheiten und Schädlinge der Esskastanie sollten bereits beim ersten Anzeichen behandelt werden.**
**– Krankheiten: Kastanienrindenkrebs, Tintenkrankheit der Kastanie.**
**– Schädlinge: Kastanienwickler, Kastanienbohrer.**

## Ernte

*Warten Sie, bis die Früchte von selbst vom Baum fallen und sammeln Sie die Maronen täglich auf – es empfiehlt sich, Handschuhe zu tragen.*

**Die Nussfrüchte der Esskastanie sind 2–3 cm lang und befinden sich in einem stacheligen 8–10 cm großen Fruchtbecher. Im Herbst und Winter werden die Früchte oft auf Märkten angeboten.**

## Lagerung

*Man entfernt den stacheligen Fruchtbecher und weicht die Maronen 48 Stunden in Wasser ein. Alle an der Oberfläche schwimmenden Früchte sind wurmig und werden aussortiert. Anschließend lässt man die Kastanien an einem luftigen und trockenen Ort trocknen: Sie werden einlagig in Obstkisten oder auf Roste geschichtet und können derart gelagert einen Gutteil des Winters überstehen.*

**Ernten Sie die Esskastanien sobald wie möglich nach dem Fruchtfall, damit sie nicht längere Zeit auf dem Boden liegen und verderben oder von Schädlingen befallen werden. Versuchen Sie außerdem, den Boden unterhalb des Baums völlig frei zu halten, damit das Aufsammeln erleichtert wird.**

★★

# Feige

*Ficus carica*

## Kulturanleitung

**Feigen gedeihen nur im Weinbauklima; selbst dort frieren sie aber in kalten Wintern häufig zurück. Daher kann man auch nur in warmen Sommern eine reiche Ernte erwarten. Wichtig ist ein sonniger, vor kaltem Wind geschützter Standort. Die Feige gedeiht auf allen Standorten, nur nicht in saurem Boden.**

**Pflanztermin**
*Oktober–November, März*
**Pflanzabstand**
*5–6 m*
**Blüte**
*Juli*
**Schnitt**
*März*
**Ernte**
*Juli–August (Blütenfeigen); September–Oktober (Herbstfeigen)*

### Pflanzung

***eines wurzelnackten Feigenbaums***

DREI MONATE VOR DER PFLANZUNG

*Um das Erdreich tiefgründig aufzulockern, gräbt man ein Loch von 80 cm Kantenlänge und Tiefe. Der Aushub wird mit einem Spezialdünger für Obstbäume versetzt und anschließend ohne Verdichten wieder in die Pflanzgrube gefüllt.*

## Auswahl der Erziehungsform

Die Feige lässt sich am einfachsten als **Busch** erziehen. Der Jungbaum wird mit 2 oder 3 Gerüstästen angeboten – sowohl wurzelnackt als auch im Container.

### Sortenempfehlungen

**Standardsorten:** 'Bellone', 'Blanche d'Argenteuil', 'Blanche de Versailles', 'Dauphine Violette', 'Violetta', 'Noir de Caromb', 'Parisienne', 'Violette d'Argenteuil'.
**Wiederentdeckungen:** 'Barbillonne', 'Blanquette', 'Bourjassotte', 'Buissonne', 'Col de Dame', 'Grosse Rouge de Bordeaux'.

Etliche Feigensorten tragen zweimal pro Jahr:
– Die so genannten Blütenfeigen werden am vorjährigen Holz gebildet und kommen im Juli/August zur Reife. Sie tolerieren keine Temperaturen unter -4 °C und überstehen den Winter nicht ohne Winterschutz.
– Die so genannten Herbstfeigen stehen am diesjährigen Holz. Bei schlechter, kalter Witterung reifen sie nicht immer aus.

## Pflanzung

*eines wurzelnackten Feigenbaums*

SO PFLANZEN SIE RICHTIG

*Man hebt ein Pflanzloch aus, das etwas größer als die Wurzeln ist, schneidet verletzte Wurzeln ab und kürzt die restlichen ein paar Zentimeter ein. Die bereits vorhandenen 2 oder 3 Äste werden oberhalb der 3. Knospe (von unten gerechnet) eingekürzt.*

*Schlämmen Sie die Wurzeln in einem dünnflüssigen Lehmbrei ein, damit die Feige besser anwächst.*

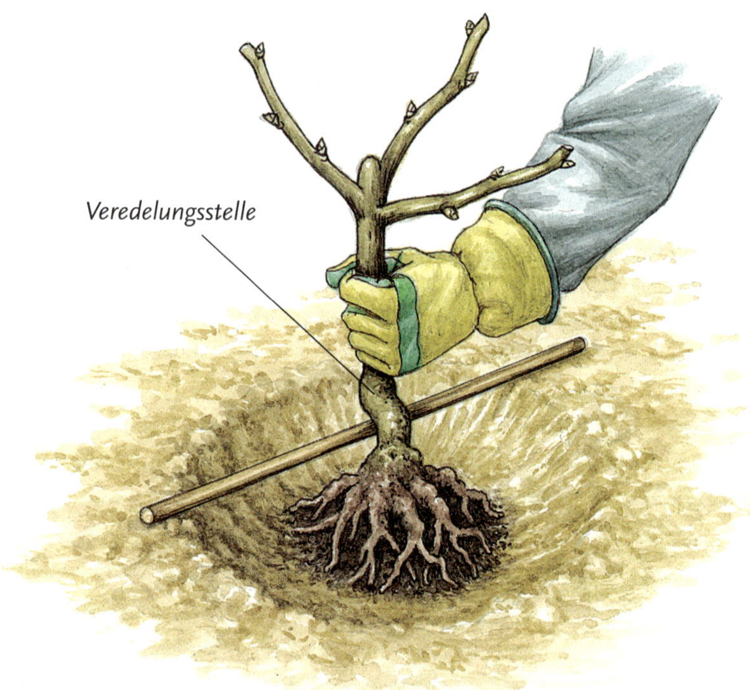


*Mithilfe eines geraden Stabes überprüft man, ob die Veredelungsstelle sich oberhalb der Bodenoberfläche befindet. Falls nötig fügt man noch Erde hinzu. Man häufelt etwas Erde im Pflanzloch an, breitet die Wurzeln darauf aus und füllt dann das Pflanzloch auf, ohne mit dem Fuß zu verdichten. Zum Schluss wird ein kleiner Gießrand angelegt und bewässert.*

# Pflanzung

## *einer Containerpflanze*

*Die Bodenvorbereitung erfolgt wie bei der wurzelnackten Feige. Tauchen Sie den Container in Wasser und topfen Sie ihn dann aus. Aus der vorbereiteten Pflanzgrube wird ein Pflanzloch ausgehoben, das etwa 1,5-fach größer als der Wurzelballen sein sollte; dessen Oberkante muss auf einer Ebene mit der Bodenoberfläche liegen, wenn der Baum im Pflanzloch steht. Anschließend füllt man mit Erde auf und drückt diese gut fest, legt einen Gießrand an und bewässert.*

*Die Äste werden wie beim wurzelnackten Baum zurückgeschnitten.*

## Schnitt

JÄHRLICH ANFALLENDE SCHNITTMASSNAHMEN

*Im März/April wird der junge Feigenbaum so zurückgeschnitten, dass 10–12 Gerüstäste verbleiben. Unter den Trieben, die an der Stammbasis erscheinen, wählt man die kräftigsten aus; diese werden nicht geschnitten. Die schwächsten Triebe werden entfernt, alle übrigen kürzt man oberhalb der 3. Knospe (von unten gerechnet) ein.*

**Vergessen Sie nicht, größere Schnittwunden (mehr als 3 cm Durchmesser) mit Wundverschlussmittel zu bestreichen.**

IN DEN FOLGEJAHREN

*Sobald keine Frostgefahr mehr besteht, schneidet man alle überalterten Äste, die nicht mehr fruchten, auf Bodenhöhe ab, sorgt jedoch dafür, dass etwa ein Dutzend Äste erhalten bleibt. Totholz und schwache Triebe werden herausgeschnitten.*

## Pflege

*Im März wird der Boden am Fuß des Feigenbaums mit dem Grubber oder einer Grabgabel oberflächlich gelockert. Um die Pflanze ausreichend mit Nährstoffen zu versorgen, arbeiten Sie einen Spezialdünger für Obstbäume ein. Auch Kompost oder gut verrotteter Stallmist können die Nährstoffversorgung gewährleisten.*

*Das Erdreich am Fuß der Feige muss unkrautfei gehalten werden. Mulchen Sie nach dem Jäten mit Stroh, Grasschnitt oder Rindenmulch, um das Auflaufen mehrjähriger Wurzelunkräuter zu unterdrücken. Bekommen Sie die Unkräuter nicht in den Griff, helfen chemische Mittel. Informieren Sie sich aber vor dem Einsatz beim zuständigen Landwirtschaftsamt oder einer Gärtnerei.*

## Pflege

***November–Dezember***
*Zum Schutz der Blütenfeigen bindet man in klimatisch ungünstigen Gebieten die Äste vorsichtig zusammen und umhüllt die Pflanze mit Strohmatten. Am Fuß der Feige sollte eine Laub- oder Strohschicht ausgebracht werden, die, bedeckt mit einem Schutzvlies, einen guten Winterschutz bietet.*

**Feigen leiden nicht unter verschiedenen Krankheiten, sie werden jedoch von Schädlingen befallen z.B. der Feigenschildlaus. Bei den ersten Befallszeichen sollten Sie die Büsche entsprechend behandeln, um deren Entwicklung nicht zu gefährden.**

**Feigen sind sehr empfindliche Früchte, sie müssen vorsichtig behandelt und gelagert werden.**

## Ernte

*Sobald die Blütenfeigen sich weich anfühlen, werden sie geerntet. Man fasst sie mit der ganzen Hand und dreht leicht, so dass sie sich von selbst ablösen.*

*Reife Herbstfeigen fühlen sich weich an und sind je nach Sorte gelblich oder blauviolett gefärbt. Gepflückt wird wie bei den Blütenfeigen.*

# Haselnuss

*Corylus avellana*

## Kulturanleitung

**Haselnüsse gedeihen in ganz Deutschland bis in Höhenlagen von 1500 m und vertragen bis zu -20 °C; die Kätzchen werden jedoch bei -8 °C zerstört. Ein luftiger und wenn möglich sonniger Standort ist ideal. Die Hasel bevorzugt sauren und frischen Boden, passt sich aber an alle Bodentypen, außer stark kalkhaltige, an.**

**Pflanztermin**
*Oktober, Februar–März*
**Pflanzabstand**
*5 m*
**Blüte**
*Von Ende Januar (männliche); von Anfang Februar bis Ende März (weibliche)*
**Schnitt**
*Februar–Ende März*
**Ernte**
*Ende August–Ende Oktober*

### Pflanzung

***einer wurzelnackten Haselnuss***

DREI MONATE VOR DER PFLANZUNG

*Um das Erdreich tiefgründig aufzulockern, gräbt man ein Loch von 80 cm Kantenlänge und Tiefe. Der Aushub wird mit einem Spezialdünger, Kompost oder gut verrottetem Stallmist versetzt und anschließend ohne Verdichten wieder in die Pflanzgrube gefüllt.*

## Auswahl der Erziehungsform

Die Haselnuss wird als **Busch** kultiviert; verkauft werden wurzelnackte Pflanzen bzw. Containerpflanzen mit 3 oder 5 Ästen.

### Sortenempfehlungen

**Standardsorten:** 'Rote Zellernuss', 'Notingham', 'Wunder aus Bollweiler', 'Segorbe'.
**Wiederentdeckungen:** 'Aveline de Piémont', 'Butler', 'Cosford', 'Ennis', 'Trapezunter Kaiserhasel', 'Longue d'Espagne', 'Noisetier pourpre'.

Männliche Blütenstände (Kätzchen) und weibliche Blütenstände (büschelförmig, rötlich) stehen auf ein und demselben Haselnussstrauch. Wegen der zeitlich leicht versetzten Blütezeit reicht die Bestäubung jedoch bei einem einzigen Strauch nicht aus, um eine gute Ernte zu garantierten. Will man reichlich Haselnüsse ernten, so sollte man mindestens zwei Haselnüsse unterschiedlicher Sorte pflanzen.

## Pflanzung

### einer wurzelnackten Haselnuss

SO PFLANZEN SIE RICHTIG

*Heben Sie im vorbereiteten Boden ein Pflanzloch aus, das etwas größer als die Wurzelnmasse ist, schneiden Sie verletzte Wurzeln ab und kürzen Sie die restlichen etwas ein. Die Wurzeln werden in einem dünnflüssigen Lehmbrei eingeschlämmt, damit der Baum besser anwächst.*

*Die Gerüstäste werden um ⅓ eingekürzt.*

*Man legt einen geraden Stab über die Pflanzgrube, um das Bodenniveau festzulegen: Der Wurzelhals muss sich auf einer Ebene oder leicht über der Bodenoberfläche befinden. Falls nötig fügt man noch Erde hinzu, häufelt etwas Erde im Pflanzloch an und breitet die Wurzeln darauf aus. Anschließend füllt man das Pflanzloch auf und drückt die Erde gut fest, legt einen kleinen Gießrand an und bewässert.*

## Pflanzung

### *einer Containerpflanze*

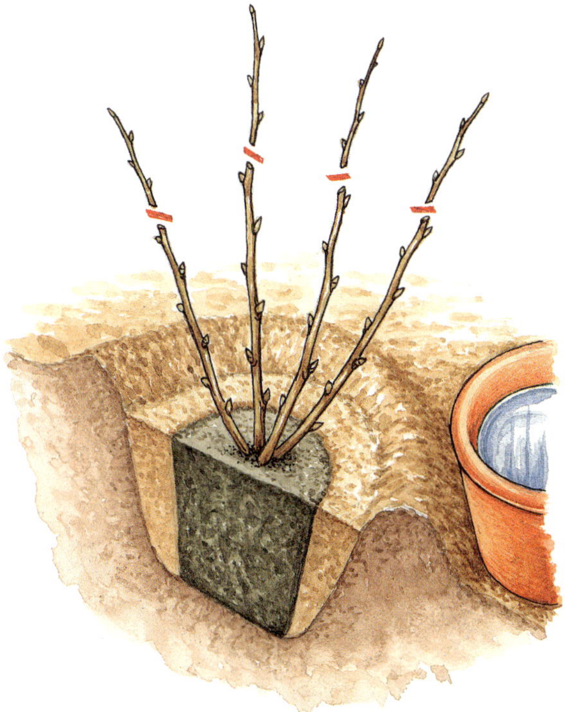

*Die Bodenvorbereitung erfolgt wie bei der wurzelnackten Haselnuss. Vor der Pflanzung taucht man den Container in Wasser und topft den Strauch danach aus. Das Pflanzloch soll etwas größer als der Wurzelballen sein; dessen Oberkante muss auf einer Ebene mit der Bodenoberfläche liegen, wenn der Baum im Pflanzloch steht. Anschließend füllt man mit Erde auf und drückt diese gut fest, legt einen Gießrand an und bewässert.*

*Die Äste werden wie beim wurzelnackten Strauch zurückgeschnitten.*

## Schnitt

*Alle 3–4 Jahre schneidet man die dicken abgetragenen Äste heraus und ersetzt sie durch jüngere Bodentriebe. Beim Auslichtungsschnitt sollen je nach Sorte und Wuchsstärke 6–8 fruchtende und kräftige Triebe erhalten bleiben. Wasserreiser (fast senkrechte Triebe) im Zentrum des Strauchs sowie sich kreuzende und zu schwache Äste werden entfernt.*

**Wichtig: Größere Schnittwunden (mehr als 3 cm Durchmesser) sollten mit einem Wundverschlussmittel behandelt werden.**

# Pflege

*Im Frühling lockert man vorsichtig die Erde am Fuß der Haselnuss mit der Grabgabel und arbeitet einen Spezialdünger, Kompost oder gut verrotteten Stallmist ein.*

**Haselnüsse sind Flachwurzler und die Bodenbearbeitung muss äußerst vorsichtig erfolgen. Um eine Nährstoffkonkurrenz zu unterbinden, muss der Boden um die Sträucher unkrautfrei sein. Eine Mulchschicht aus Stroh, Grasschnitt oder Rindenmulch unterdrückt das Wachstum der Unkräuter.**

**Krankheiten und Schädlinge der Haselnuss sollten bereits beim ersten Anzeichen behandelt werden.**

- **Krankheiten: Blattfallkrankheit.**
- **Schädlinge: Haselnussbohrer.**
- **Milben: Haselnussgallmilbe.**

## Ernte

*Zum sofortigen Verzehr kann man die Haselnüsse ab Ende August ernten. Je nach Bedarf pflückt man sie vorsichtig zusammen mit dem grünen „Kelch" ab.*

**In manchen Haselnussanbaugebieten ist die Bildung von Schossern, die die Bodenbearbeitung behindern, sehr lästig. In Südeuropa werden diese Schosser häufig mit Herbiziden behandelt. Dabei muss auf eine exakte Dosierung großen Wert gelegt werden, da man sonst auch die Haselnusssträucher schädigt.**

## Lagerung

*Die Nüsse können 2–3 Monate gelagert werden, wenn man sie erntet, sobald sie herabfallen (je nach Sorte von September–Oktober). Der braune „Kelch" löst sich dann leicht von den Haselnüssen. Man lässt sie 1–2 Wochen auf Rosten an der frischen Luft trocknen und lagert sie an einem trockenen Ort.*

# Himbeere

*Rubus idaeus*

## Kulturanleitung

**Himbeeren gedeihen überall in Deutschland, da sie wegen ihrer späten Blüte nicht spätfrostgefährdet sind. Sonne tut den Pflanzen für die Reife gut, Halbschatten vertragen sie ebenfalls. Der Boden sollte feucht, humos und nicht kalkhaltig sein (pH 6,5).**

**Pflanztermin**
*Oktober–November, Februar*
**Pflanzabstand**
*0,3–0,5 m in der Reihe; 2 m zwischen den Reihen*
**Blüte**
*Mai (einmal tragende Sorten); Mai–Juli (zweimal tragende Sorten)*
**Schnitt**
Juni/Juli; September
**Ernte**
Juni/Juli; September

### Pflanzung

***einer wurzelnackten Himbeere***

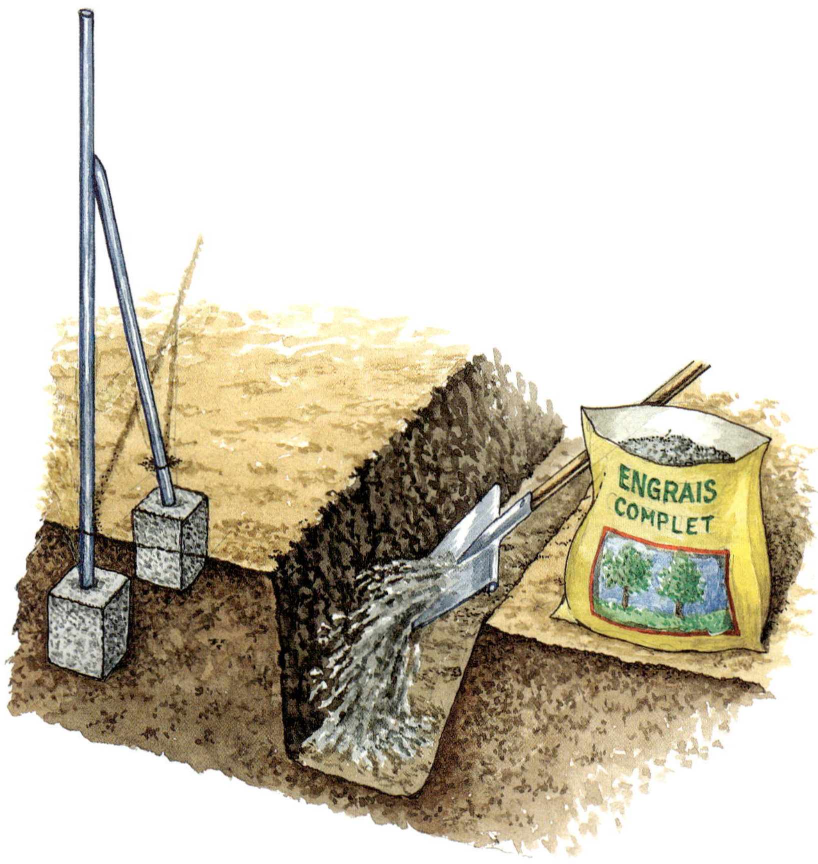


DREI MONATE VOR DER PFLANZUNG

*Heben Sie einen Graben aus, mischen Sie unter den Aushub Kompost oder Rindenhumus und füllen Sie das Erdgemisch wieder auf. Auch der Drahtrahmen wird gleich installiert.*

## Auswahl der Erziehungsform

**Man wählt eine Form, die sich leicht kultivieren lässt und guten Zugang zum Ernten und Schneiden bietet.**

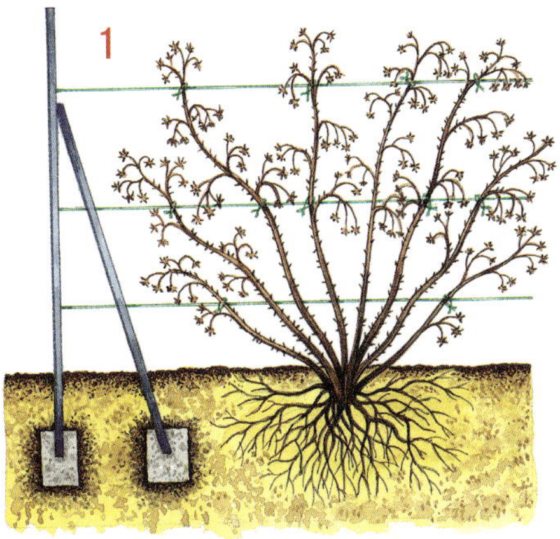


Bei der häufig verwendeten, platzsparenden **einreihigen Standardmethode** bindet man die Ruten etwa fächerförmig an einem Drahtrahmen an, der aus Eisenpfosten und Spanndrähten besteht. Alle 3 m steht ein Pfahl, in 0,5 m, 1 m und 1,5 m Abstand vom Boden werden die Spanndrähte angebracht; dieses Gerüst kann freistehend oder an einer Wand installiert sein.

Bei der **skandinavischen Methode** installiert man 2 parallele Einzelreihen von Spanndrähten in 50 cm Abstand und 40–50 cm Bodenhöhe. Die fruchtenden Himbeerruten können beidseitig aufgebunden werden, während sich die diesjährigen Triebe in der Mitte der Reihe frei entwickeln. Alternativ kann man auf einer Seite nur die fruchtenden vorjährigen Ruten und auf der anderen nur diesjährige Neutriebe aufbinden. In diesem Fall muss bei der Ernte nur auf einer Seite gepflückt werden.

### Die verschiedenen Himbeertypen

**Einmal tragende Sorten** bilden im Juni/Juli an vorjährigen Ruten Früchte.

**Zweimal tragende Sorten** bilden im Juni/Juli und im September Früchte.

**Sortenempfehlungen**

**Standardsorten:**
*Einmal tragend:* 'Rubin', 'Winklers Sämling', 'Mailing Promise', 'Meeker'.
*Zweimal tragend:* 'Rumiloba', 'Fallgold', 'September'.

**Wiederentdeckungen:**
*Einmal tragend:* 'Stuttgart', 'Veten', 'Flavi', 'Frida', 'Golden Queen', 'Meco', 'Nootka', 'Schönemann', 'Sucrée de Metz', 'Wawi', 'Willamette'.
*Zweimal tragend:* 'Nordmark', 'Héritage'.

## Pflanzung

*einer wurzelnackten Himbeere*

SO PFLANZEN SIE RICHTIG

*Man entfernt abgestorbene oder durch das Roden verletzte Wurzeln, kürzt alle Wurzelspitzen etwas ein und taucht die Wurzeln in einen dünnflüssigen Lehmbrei (Einschlämmen).*

*Pflanzen Sie 1–2 Jungpflanzen nebeneinander. Die Wurzeln werden gleichmäßig verteilt und der Trieb bis zur 3. oder 4. gut sichtbaren Knospe (von unten gerechnet) eingepflanzt. Alle Ruten werden in 30 cm Bodenabstand oberhalb einer gut sichtbaren Knospe eingekürzt.*

## Pflanzung

### *einer Containerpflanze*

*Die Bodenvorbereitung erfolgt wie bei der wurzelnackten Himbeere. Zum Zeitpunkt der Pflanzung taucht man den Container in Wasser und topft danach aus. Das Pflanzloch soll etwas größer als der Wurzelballen sein; dessen Oberkante muss auf einer Ebene mit der Bodenoberfläche liegen, wenn die Himbeere im Pflanzloch steht. Anschließend füllt man mit Erde auf und drückt diese gut fest, legt einen Gießrand an und bewässert. Jede Rute wird in 30 cm Bodenabstand oberhalb einer gut sichtbaren Knospe eingekürzt.*

**Wurzelnackte Jungpflanzen werden während der Vegetationsruhe im Oktober/November oder im Februar gepflanzt; Himbeeren im Container können ganzjährig gesetzt werden – allerdings muss in der Folgezeit gut bewässert werden.**

## Schnitt

### *einer einmal tragenden Himbeere*

*Jedes Jahr schneidet man im Juli (nach der Ernte) die abgetragenen Ruten bodennah ab.*

*Schaffen Sie es nicht, die abgetragenen Ruten nach der Ernte abzuschneiden, können Sie dies auch noch im zeitigen Frühjahr des nächsten Jahres erledigen: Die trockenen Ruten lassen sich einfach abbrechen.*

## Schnitt

### *einer zweimal tragenden Himbeere*

*Im September (nach der zweiten Ernte) bricht man die vertrockneten Ruten, die im Juni/Juli getragen haben, an der Basis ab. Bei den Ruten, die im Herbst getragen haben, kürzt man die Triebspitzen ein.*

# Pflege

*Jedes Jahr wird im Frühling, vor Wachstumsbeginn, mit einem Spezialdünger für Beerenobst, Kompost oder gut verrottetem Stallmist gedüngt.*

*Arbeiten Sie den Dünger etwa 5 cm tief rund um die Himbeeren vorsichtig mit einer Grabgabel ein.*

*Während der gesamten Vegetationsperiode hält man das Erdreich am Fuß der Sträucher durch leichtes Hacken sauber. Wenn Sie rund um die Himbeeren mit Kompost oder Stroh mulchen, bleibt der Boden bis zum Herbst unkrautfrei und häufiges Jäten entfällt.*

## Pflege

*Bei beginnender Fruchtreife bringt man zum Schutz vor Vogelfraß ein Plastiknetz über der Hecke an. Beschweren Sie das Netz am Boden mit Steinen.*

**Krankheiten und Schädlinge der Himbeere sollten bereits beim ersten Anzeichen behandelt werden.**
**– Krankheiten: Rutenkrankheit der Himbeere, Echter Mehltau, Wurzelfäule, Grauschimmel (Botrytis).**
**– Schädlinge: Gallmücke, Himbeerkäfer.**
**– Milben: Gemeine Spinnmilbe.**

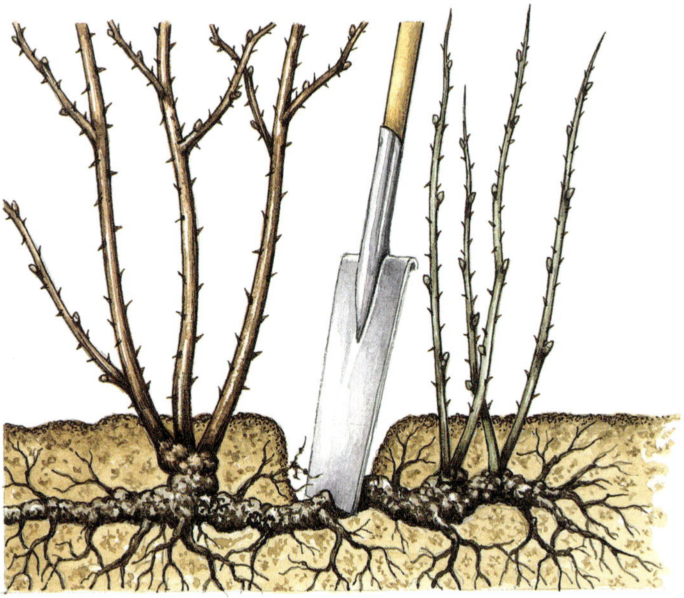

*Himbeeren können von Dezember bis Februar geteilt werden, um neue Hecken anzulegen.*

*Man wählt sehr kräftige Triebe, trennt die unterirdische Verbindungswurzel zwischen den Einzelpflanzen mit dem Spaten durch und gräbt die Jungpflanzen aus. Sie werden möglichst schnell wieder eingepflanzt – so wie für wurzelnackte Himbeeren beschrieben.*

## Ernte

*Himbeeren werden gepflückt, indem man mit den Fingerspitzen vorsichtig an der Frucht zieht – die „Beere" löst sich dann leicht vom weißen Zapfen im Inneren der Frucht. Da die Früchte nacheinander reifen, sollte man die Hecke alle 3–4 Tage durchpflücken.*

**Müssen Himbeeren längere Zeit transportiert werden, schneidet man den Fruchtstiel mit einer Schere ab – der weiße Zapfen im Inneren der Frucht schützt sie vor Beschädigung.**

# Kakipflaume

*Diospyros kaki*

## Kulturanleitung

**Kakipflaumen sind recht frosthart, da sie Temperaturen bis zu -15 bzw. -20 °C ertragen. Man kann sie deshalb sogar in kühleren Regionen pflanzen. Die Früchte benötigen jedoch warme Herbsttemperaturen um auszureifen. Der Baum bevorzugt einen sonnigen Standort mit tiefgründigem, durchlässigem und kalkfreiem Boden.**

**Pflanztermin**
*Oktober, Februar–März*
**Pflanzabstand**
*7 m*
**Blüte**
*Mai–Juni*
**Schnitt**
*November–Ende Februar*
**Ernte**
*Oktober–November*

### Pflanzung

***einer wurzelnackten Kakipflaume***

Drei Monate vor der Pflanzung

*Um das Erdreich aufzulockern, gräbt man ein Loch von 1 m Kantenlänge und 80 cm Tiefe. Schlagen Sie in der Grabensohle einen Stützpfahl (Stammhöhe des Baumes plus 1 m) ein. Der Aushub wird mit einem Spezialdünger für Obstbäume oder Kompost versetzt und anschließend ohne Verdichten wieder in die Pflanzgrube gefüllt.*

## Auswahl der Erziehungsform

Die Kakipflaume wird als **Hochstamm** oder **Halbstamm** kultiviert. Man kauft wurzelnackte Pflanzen oder Containerware.

### Sortenempfehlungen

**Standardsorten:** 'Fuyu', 'Hachiya', 'Tipo'.
**Wiederentdeckungen:** 'Costata', 'Izu', 'Jiro', 'Muscat', 'Nishimura Wase'.

## Pflanzung

### *einer wurzelnackten Kakipflaume*

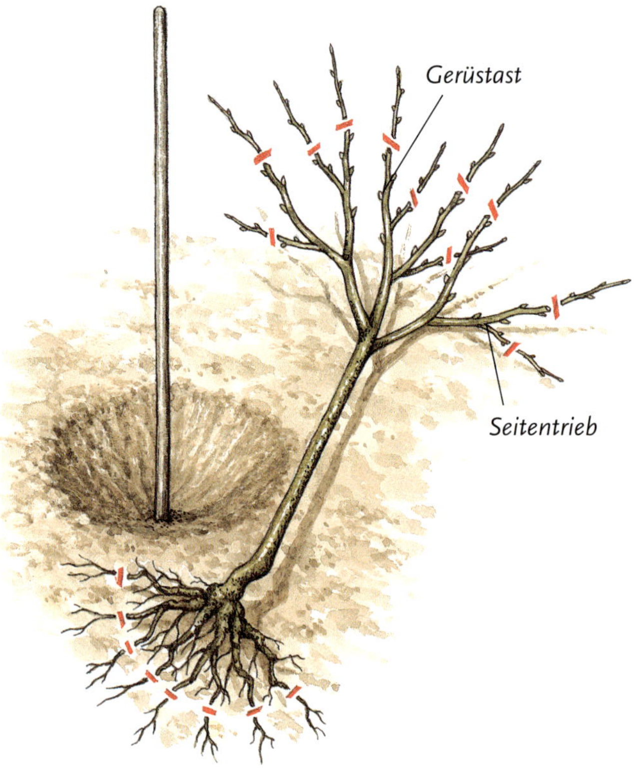


So pflanzen Sie richtig

*Man hebt ein Pflanzloch aus, das etwas größer als die Wurzeln ist, schneidet verletzte Wurzeln ab und kürzt die restlichen ein.*

*Die 6 Gerüstäste werden um 1/3 zurückgenommen. Alle anderen Zweige schneidet man oberhalb der 2. Knospe (von unten gerechnet) ab.*

*Die Wurzeln werden in einem dünnflüssigen Lehmbrei eingeschlämmt, damit der Baum besser anwächst.*

*Häufeln Sie etwas Erde im Pflanzloch an und breiten Sie die Wurzeln darauf aus. Mithilfe eines geraden Stabs über der Pflanzgrube können Sie die Lage der Veredelungsstelle kontrollieren; sie muss oberhalb liegen. Falls nötig fügt man noch Erde hinzu und füllt dann das Pflanzloch auf, ohne mit dem Fuß zu verdichten. Zum Schluss legt man einen kleinen Gießrand an, bewässert und befestigt den Stamm am Stützpfahl.*

## Pflanzung

### *einer Containerpflanze*

*Die Bodenvorbereitung erfolgt wie beim wurzelnackten Baum. Vor der Pflanzung taucht man den Container in Wasser und topft die Pflanze anschließend aus. Im vorbereiteten Boden wird das endgültige Pflanzloch gegraben: Es soll etwas größer als der Wurzelballen sein, dessen Oberkante leicht unterhalb der Bodenoberfläche liegen muss, wenn der Baum im Pflanzloch steht. Beim Auffüllen muss das Erdreich gut verdichtet werden. Anschließend legt man einen Gießrand an und bewässert.*

*Der Schnitt erfolgt wie bei der wurzelnackten Kakipflaume.*

## Schnitt

*Alle 3–4 Jahre schneidet man von November–Februar Totholz sowie Triebe heraus, die ins Innere des Baumes wachsen. Die verbleibenden Äste werden um die Hälfte eingekürzt.*

**Wenn Äste mit mehr als 3–5 cm Durchmesser entfernt werden, müssen Sie die Wunde mit der Hippe sorgfältig glätten und mit Wundverschlussmittel bestreichen.**

## Pflege

*Das Erdreich am Fuß des jungen Baums muss unkrautfrei sein. Bringen Sie deshalb nach dem Jäten eine Mulchschicht aus. Mehrjährige Wurzelunkräuter können auch mit einem Herbizid vernichtet werden. Informieren Sie sich in Ihrer Gärtnerei oder beim zuständigen Landwirtschaftsamt.*

**Krankheiten und Schädlinge der Kakipflaume sollten bereits beim ersten Anzeichen behandelt werden.**
**– Krankheiten: Kragenfäule.**
**– Schädlinge: Schmierlaus, Fruchtfliege.**

## Ernte

*Die Früchte sind erntereif, wenn sie eine orangene Farbe annehmen. Warten Sie, bis die Früchte nach dem Laubfall weich sind. Die „modernen" Sorten können sofort verzehrt werden.*

*Das Fruchtfleisch der alten Kakisorten hat einen adstringierenden Geschmack. Lagern Sie die Früchte dieser Sorten 2–3 Wochen an einem kühlen Ort auf einer Schicht Stroh, damit sie genießbar, d. h. überreif werden: Erst zu diesem Zeitpunkt wird das Fruchtfleisch weich und zuckerig.*

## Lagerung

*Schneiden Sie die Kakipflaumen mit einem Zweigstück ab, dann können sie bis Weihnachten aufbewahrt werden. Sie werden zwar etwas runzelig, doch der Geschmack leidet nicht.*

★★★

# Kiwi

*Actinida chinensis, Actinida arguta*

## Kulturanleitung

**Kiwis sind Schlingpflanzen, die an einem halbschattigen Standort gut gedeihen. A. chinensis sind die bekannten behaarten Kiwis, während A. arguta kleinere stachelbeergroße Früchte hervorbringt. A. arguta zeigt außerdem ein schwächeres Wachstum. Vorsicht: Die jungen Knospen erfrieren bei -4 °C.**

**Pflanztermin**
*März–April*
**Pflanzabstand**
*3–4 m*
**Blüte**
*2. Maihälfte*
**Schnitt**
*Rückschnitt im Spätwinter; im Sommer schattierende Triebe*
**Ernte**
*A. chinensis: vor dem ersten Frost; A. arguta: September*

### Pflanzung

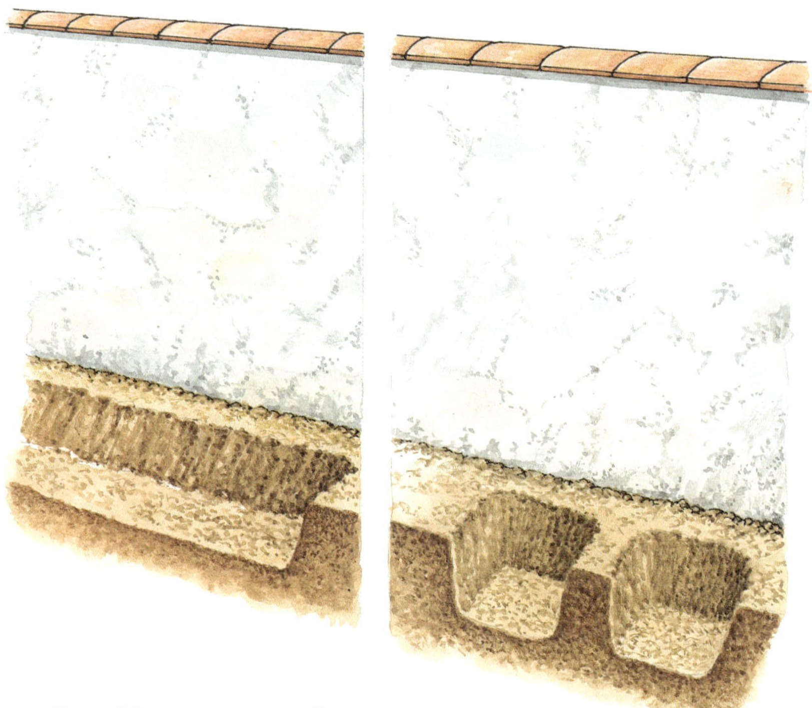

Zwei Monate vor der Pflanzung

*Für eine männliche und eine weibliche Pflanze brauchen Sie 2 Pflanzlöcher von 60 cm Kantenlänge und Tiefe in einem tiefgründigen Boden. Am besten eignet sich eine Mauer zur Bepflanzung; ideal ist auch eine Pergola. Möchten Sie mehr Pflanzen setzten, benötigen Sie einen 60 cm breiten und tiefen Graben.*
*Der Aushub wird mit Spezialdünger, Kompost oder gut verrottetem Stallmist versetzt und ohne Verdichten wieder aufgefüllt.*

## Auswahl der Erziehungsform

Im Handel findet man beide Kiwi-Arten als Containerpflanzen mit 2–3 gestützten Trieben. Wenn möglich kauft man ein Paar; falls der Platz ausreicht, kann man 3 oder 4 weibliche Pflanzen unterschiedlicher Sorten setzen, da eine einzige männliche Pflanze zu ihrer Bestäubung ausreicht.

Für Anfänger am einfachsten ist die Erziehung eines **Fächerspaliers** an einer Wand.

**Die Kiwi ist zweihäusig, d.h. männliche Blüten (pollenliefernd) und weibliche Blüten (fruchtbildend) stehen auf verschiedenen Pflanzen. Um die Fruchtbildung zu ermöglichen, benötigt man also mindestens 1 männliche und 1 weibliche Pflanze. Mittlerweile existieren auch so genannte „selbstbestäubende“ Sorten, die männliche und weibliche Blüten auf derselben Pflanze tragen.**

## Pflanzung

So pflanzen Sie richtig

*Die Spaliervorrichtung wird an der vorgesehen Wand installiert; aus Wandhaken und Eisendraht können Sie die Vorrichtung selbst herstellen oder aber ein fertiges Klettergerüst kaufen.*

*Tauchen Sie vor der Pflanzung den Container in Wasser und topfen Sie die Pflanze danach aus. Das Pflanzloch soll etwas größer als der Wurzelballen sein; dessen Oberkante muss auf einer Ebene mit der Bodenoberfläche liegen, wenn der Baum im Pflanzloch steht. Anschließend füllt man mit Erde auf und drückt diese gut fest, legt einen Gießrand an und bewässert. Die Triebe werden um die Hälfte eingekürzt und fächerförmig am Gerüst fixiert.*

## Schnitt

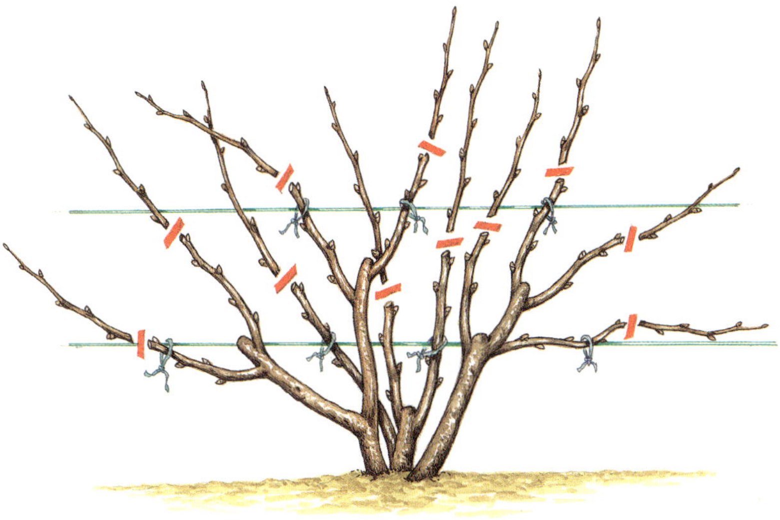

### Sortenempfehlungen

**Standardsorten:** 'Hayward' (*A.chinensis*), 'Tomuri' (selbstbestäubend), 'Issai' (*A. arguta*), 'Weiki', (sebstbestäubend).
**Wiederentdeckungen:** 'Abbot', 'Bruno', 'Monty'.

IM JAHR NACH DER PFLANZUNG

*Im Februar/März kürzt man alle Triebe um die Hälfte ein und bindet sie fächerförmig am Gerüst an, damit eine möglichst große Oberfläche bedeckt ist.*

**Bei männlichen Kiwipflanzen (die keine Früchte tragen) beschränkt sich der Schnitt auf das Entfernen von kranken oder beschädigten sowie sich kreuzenden und nach innen wachsenden Trieben. Seitentriebe mit geringerem Durchmesser, welche die Blüten tragen, behält man bei. Alle 3–4 Jahre entfernt man einen älteren Gerüstast, der durch ein wüchsiges, aus der Basis treibendes Wasserreis ersetzt wird.**

ZWEI JAHRE NACH DER PFLANZUNG

*Kürzen Sie im Spätwinter die Gerüstäste auf etwa 50 cm ein und schneiden Sie auch die Seitentriebe 1. Ordnung auf 50 cm zurück. Die Jungtriebe aus diesen Verzweigungen werden oberhalb der 4. oder 5. Knospe (von unten gerechnet) abgeschnitten. Alle Triebe werden an der Kletterhilfe befestigt.*

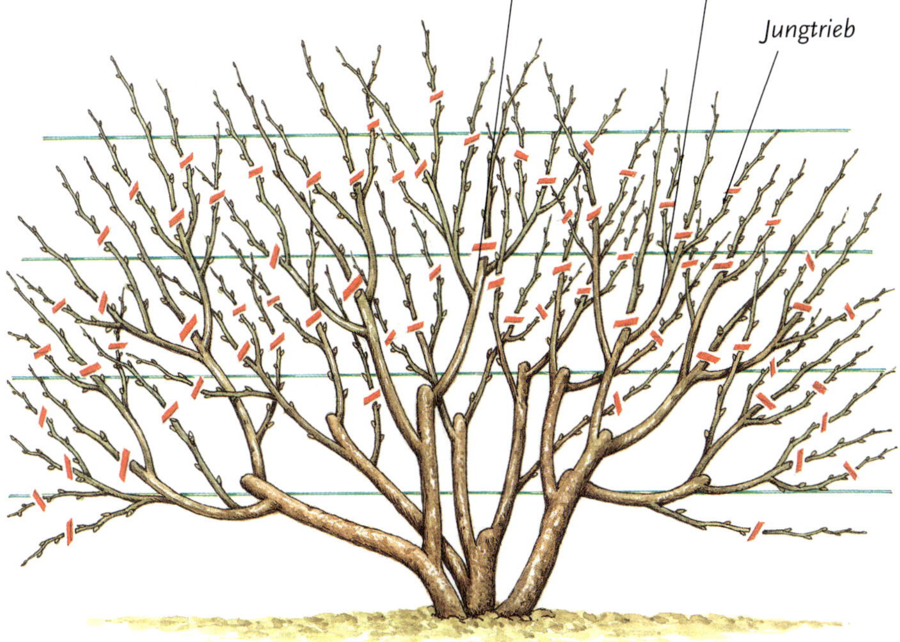

## Schnitt

JÄHRLICH ANFALLENDE SCHNITTMASSNAHMEN

***Im Spätwinter***
*Unmittelbar vor Ende der Vegetationsruhe schneidet man alle Triebe, die im letzten Herbst gefruchtet haben, bis zur 2. Knospe (Auge) zurück, die hinter der letzten Ansatzstelle von Früchten steht.*

***Anfang Juli***
*Tragende Äste werden oberhalb des 4. Blattes hinter der letzen Fruchtgruppe eingekürzt. Alle sehr wüchsigen Triebe, die aus der Basis der Pflanze treiben, werden entfernt – ausgenommen sind gut platzierte Triebe, die später abgetragene Gerüstäste ersetzen können.*

***Im August***
*Triebe, die an den im Juli eingekürzten Zweigen nachgewachsen sind, werden oberhalb des 2. Blattes (von unten gerechnet) abgeschnitten.*

ALLE 3–4 JAHRE

***Februar bis März***

*Die abgetragenen Zweige werden verjüngt, indem man sie oberhalb der 2. Knospe (von unten gerechnet) einkürzt.*

*Alternativ können diese Triebe auch vollständig entfernt werden, so dass sie durch Jungtriebe (Rinde hell), die sich im vorhergehenden Sommer entwickelt haben, ersetzt werden. Schneiden Sie die Ersatztriebe oberhalb der 6. oder 7. Knospe (von unten gerechnet) zurück.*

# Pflege

*Im Frühling arbeitet man oberflächlich einen Spezialdünger für Beerenobst oder Kompost (100 g/m²) ein. Vorsicht: Verletzen Sie dabei nicht die oberflächennahen Wurzeln!*

**Zum Vermeiden von Unkrautwachstum jätet man zuerst sorgfältig und bedeckt den Boden am Fuß der Kiwipflanze anschließend mit einer dicken Schicht aus Stroh oder verrottetem Mist. Die so erzeugte Bodenfeuchtigkeit kommt den oberflächennahen Wurzeln zugute.**

*Kiwis brauchen sehr viel Wasser, Sie müssen im Sommer deshalb häufig bewässert werden, damit die Erde am Fuß der Pflanze immer leicht feucht bleibt.*

**Kiwis leiden weder unter Krankheiten noch Schädlingen. Allerdings können Eisenmangel oder Kalküberschuss im Boden zum Vergilben der Blätter (Chlorose) führen. In diesem Fall gießt man mit einem Eisenchelat-Präparat am Fuß der Pflanze.**

## Ernte

*A. chinensis-Früchte werden vor dem ersten Frost gepflückt. Wenn die Früchte sich weich anfühlen (Ende Oktober bis Anfang November) hält man sie unten fest und zieht vorsichtig: Sie lösen sich ohne Schwierigkeiten vom Fruchtstiel. A. arguta werden schon im September reif und können sofort mit der Schale verzehrt werden. Lassen Sie die Fruchtstiele an den Trieben – damit erleichtern Sie sich den Rückschnitt im folgenden Frühjahr.*

## Lagerung

*Früchte von A. chinensis benötigen nach der Ernte eine Lagerzeit von 6–8 Wochen. Erst dann sind sie genießbar. Man legt die Kiwifrüchte auf Roste und lagert sie an einem kühlen Ort mit 90 % Luftfeuchtigkeit; sie bleiben mindestens 2 Monate haltbar. Die Fruchtreife lässt sich durch eine gemeinsame Lagerung mit Äpfeln beschleunigen.*

★★

# Mandel

*Prunus dulcis*

**Die Mandel bevorzugt volle Sonne sowie kalkhaltige, trockene, tiefgründige und durchlässige Böden. In warmen Regionen gedeiht die Mandel als frei stehender Baum, anderenorts erzieht man sie am Wandspalier, an einem geschützten, warmen Standort.**

**Pflanztermin**
*Oktober–November, März*
**Pflanzabstand**
*3,5–4 m (frei stehende Bäume); 4–5 m (Spalierbäume)*
**Blüte**
*Ende Februar bis März/April*
**Schnitt**
*November–Ende März (frei stehende Bäume); im Februar/März und nach der Ernte (Spalierbäume)*
**Ernte**
*Juli/August (grüne Früchte); vom 15. September bis Ende Oktober (reife Mandeln, je nach Sorte)*

## Kultur
## von frei stehenden Formen

### Pflanzung
***einer wurzelnackten Mandel***

DREI MONATE VOR DER PFLANZUNG

*Man gräbt ein Loch von 1 m Kantenlänge und 80 cm Tiefe und schlägt am tiefsten Punkt, in der Grabensohle, einen Stützpfahl (Stammhöhe des Baumes plus 1 m) ein. Der Aushub wird mit einem Spezialdünger für Obstbäume versetzt bzw. mit Kompost oder gut verrottetem Stallmist vermischt und anschließend ohne Verdichten wieder in die Pflanzgrube gefüllt.*

## Auswahl der Erziehungsform

*Halbstamm*

In milden Gegenden können Sie einen Halbstamm wählen, der mindestens 5 Gerüstäste besitzen sollte.

*Einjährige Veredelung*

In kühleren Lagen kultiviert man die Mandel besser als Fächerbaum. Die Erziehung eines solchen Baumes müssen Sie selbst durchführen; wählen Sie als Ausgangsform eine einjährige Veredelung.

**Sortenempfehlungen**

**Standardsorten:** 'Aï', 'All In One', 'Ferraduel', 'Lauranne'.
**Wiederentdeckungen:** 'Ferragnes', 'Marcona', 'Marijo', 'Texas'.

## Pflanzung

*einer wurzelnackten Mandel*

SO PFLANZEN SIE RICHTIG

*Man hebt ein Pflanzloch aus, das etwa 1,5-fach größer als die Wurzeln ist, schneidet verletzte Wurzeln ab und kürzt die übrigen einige Zentimeter ein.*
*Die Wurzeln werden in einem dünnflüssigen Lehmbrei eingeschlämmt.*

*Die Gerüstäste werden um 1/3 zurückgenommen, indem man über einer nach außen gerichteten Knospe abschneidet. Die Jungtriebe, die sich 20–25 cm unterhalb dieses Schnitts befinden, werden über der 1. Knospe (von unten gerechnet) abgeschnitten.*

*Mithilfe eines geraden Stabes können Sie überprüfen, ob sich die Veredelungsstelle oberhalb der Pflanzgrube befindet. Falls nötig wird Erde hinzugefügt; anschließend häufelt man etwas Erde an und breitet die Wurzeln darauf aus. Man füllt das Pflanzloch ohne Verdichten auf, legt einen kleinen Gießrand an, bewässert und bindet den Stamm am Stützpfahl fest.*

## Pflanzung

### *einer Containerpflanze*

*Die Bodenvorbereitung erfolgt wie bei der wurzelnackten Mandel. Zum Zeitpunkt der Pflanzung taucht man den Container in Wasser und topft den Baum danach aus. Das Pflanzloch soll etwas größer als der Wurzelballen sein; dessen Oberkante muss auf einer Ebene mit der Bodenoberfläche liegen, wenn der Baum im Pflanzloch steht. Anschließend füllt man mit Erde auf und drückt diese gut fest, legt einen Gießrand an und bewässert.*

*Der Rückschnitt der Krone erfolgt wie beim wurzelnackten Baum beschrieben. Seitlich verankert man einen Stützpfahl, der gegen die Hauptwindrichtung geneigt ist, und bindet den Baum im ersten Jahr daran fest.*

## Schnitt

*Alle 3 Jahre schneidet man das Totholz heraus sowie Wasserreiser oder Äste, die nicht mehr tragen. Gerüstäste werden auf Jungtriebe zurückgeführt, die möglichst im Kroneninneren liegen.*

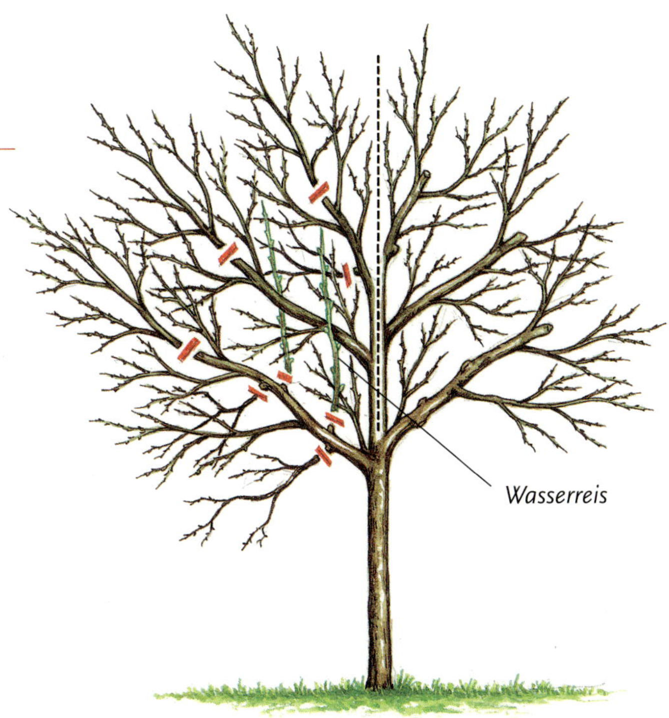


**Vergessen Sie nicht, größere Schnittwunden mit Wundverschlussmittel zu bestreichen.**

## Pflege

*In den ersten 5 Jahren muss das Erdreich am Fuß des jungen Mandelbaums unkrautfrei gehalten werden. Durch das Aufbringen einer Mulchschicht aus Stroh, Rindenmulch oder Kompost unterdrücken Sie das Unkrautwachstum und regulieren gleichzeitig auf natürliche Weise den Wasserhaushalt der Wurzeln. Stark auftretende Wurzelunkräuter können auch durch Herbizide vernichtet werden. Informieren Sie sich bei Ihrem Landwirtschaftsamt oder einer Gärtnerei.*

# Kultur
## eines Fächerbaumes

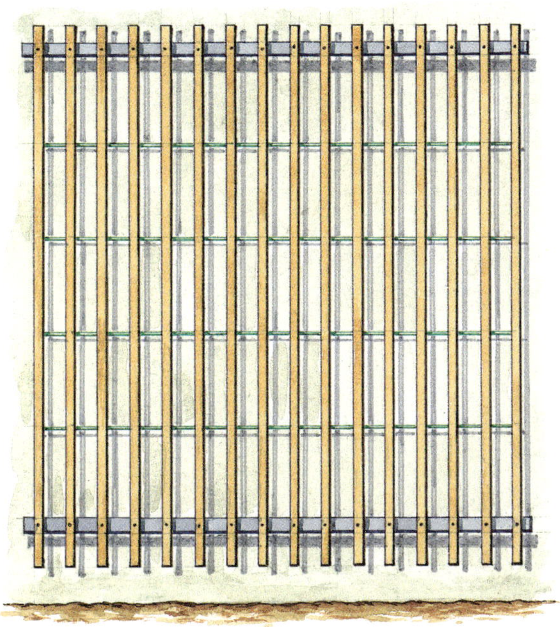

## Pflanzung

Drei Monate vor der Pflanzung

*Die Spaliervorrichtung wird an der Wand angebracht – das Material dafür erhalten Sie in Gartencentern oder Baumärkten: flache Eisenhaken, die man in der Mauer verankert, Eisendraht und 1,5 cm x 1,5 cm dicke Latten (Länge je nach Spalierhöhe), die man im Abstand von 10 cm anbringt.*

*Längs der Mauer hebt man einen 60 cm breiten und tiefen Graben auf der gewünschten Länge aus, arbeitet einen Spezialdünger für Obstbäume in den Aushub ein und füllt wieder auf, ohne zu verdichten.*

So pflanzen Sie richtig

*Etwa 30–40 cm von der Mauer entfernt wird aus der vorbereiteten Pflanzgrube ein Pflanzloch ausgehoben, das etwas größer als die Wurzeln der einjährigen Veredelung ist. Verfahren Sie genau wie beim frei stehenden Baum und neigen Sie den Jungbaum leicht in Richtung Spalier, so dass seine Äste zum Gerüst geleitet werden können.*

*Der Leittrieb des Jungbaums wird 30 cm über dem Boden oberhalb der 2. gut sichtbaren Knospe (vom Boden aus gerechnet und seitlich liegend) eingekürzt.*

## Die verschiedenen Zweigtypen der Mandel

**Die Triebe des Mandelbaums entstehen alle aus einer Holzknospe; je nach der Versorgung mit Assimilaten während der Wachstumszeit verläuft die Entwicklung dieser Knospe unterschiedlich.**

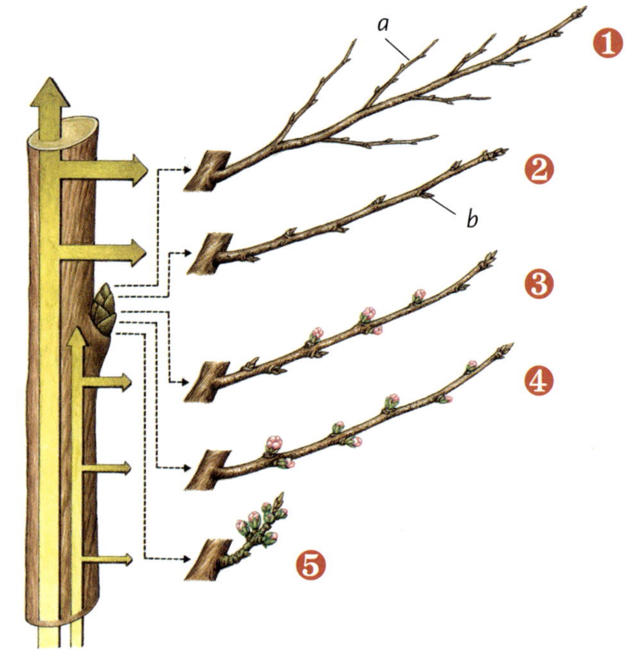


**1 Das Wasserreis**
Sehr wüchsiger Zweig, der schon im ersten Jahr Verzweigungen trägt (a).

**2 Der Holztrieb**
Er trägt nur dünne, spitze **Holzknospen** (b), aus denen sich im folgenden Sommer weitere Verzweigungen entwickeln. Bei mittlerer Wüchsigkeit kann er sich durch einen geeigneten Schnitt in ein Fruchtholz umwandeln. Wenn er starkwüchsig ist und vom ersten Jahr an Seitentriebe trägt, handelt es sich um ein Wasserreis.

**3 Der gemischte Zweig**
Er trägt dünne, spitze **Holzknospen**, die später für seinen Ersatz sorgen, und rundliche Blütenknospen, die Früchte liefern. Diese Knospentypen können einzeln oder in 2er- oder 3er-Gruppen stehen: Man spricht dann von Zwillings- oder Drillingsknospen.

**4 Der Fruchttrieb**
Dieser 15–30 cm lange Zweig trägt dicke, rundliche Knospen, die **Blütenknospen**, und eine **Holzknospe** am Ende des Zweigs.

**5 Der Bukettzweig**
Aus einem einjährigen Kurztrieb entwickelt sich durch den jährlichen, leichten Zuwachs eine büschelförmige Anhäufung von 5–6 **Blütenknospen** sowie 1 **Holzknospe** am Zweigende.

**Krankheiten und Schädlinge der Mandel sollten bereits beim ersten Anzeichen behandelt werden.**
**– Krankheiten: Echter Mehltau, Monilia-Spitzendürre, Schrotschusskrankheit, Schorf.**
**– Schädlinge: Grüne und Schwarze Blattläuse, Mehlige Pfirsichblattlaus, Zigarrenwickler.**
**– Milben: Obstbaumspinnmilbe.**

## Schnitt

EIN JAHR NACH DER PFLANZUNG

***Im Spätwinter***

*Man kürzt die beiden Gerüstäste, die sich mittlerweile entwickelt haben, je um ⅔ ein. Die übrigen Äste werden oberhalb der 2. gut sichtbaren Knospe (vom Astgrund aus gerechnet) abgeschnitten.*

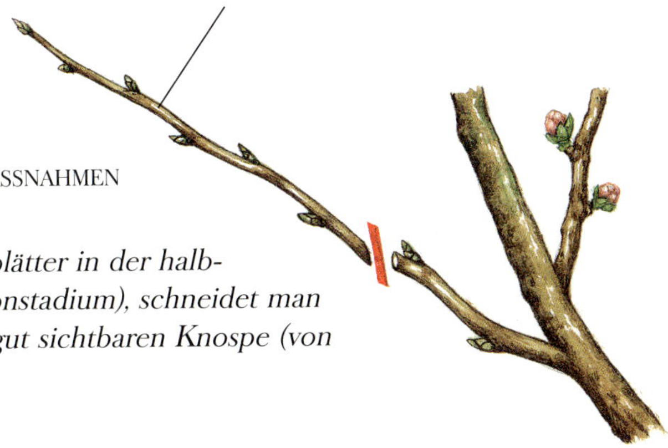


JÄHRLICH ANFALLENDE SCHNITTMASSNAHMEN

***Im Februar/März***

*Sobald sich rosafarbene Blütenblätter in der halbgeöffneten Knospe zeigen (Ballonstadium), schneidet man alle Holztriebe oberhalb der 2. gut sichtbaren Knospe (von unten gerechnet) ab.*

*Außerdem werden alle Zweige mit Blütenknospen oberhalb des 4. oder 5. Blütenbuketts (von unten gerechnet) eingekürzt. Pro Zweig bleiben 1–2 Holzknospen (möglichst nahe am Gerüstast) erhalten.*

## Schnitt

***Von Ende April–Anfang Mai***
*Schneiden Sie, sobald die Früchte anschwellen, die Triebspitze oberhalb des 3. oder 4. Blatts (von oben gerechnet) ab und fixieren Sie die beiden basisnahen Triebe am Spaliergerüst. Pro Zweig sollten nur etwa ein Dutzend Früchte erhalten bleiben (Ausdünnen). Zweige, die aus derselben Blattachsel wie die Früchte entspringen, werden oberhalb des 3. oder 4. Blatts (von unten gerechnet) eingekürzt; alle nicht fruchttragenden Triebe werden entfernt.*

***Nach der Ernte***
*Der abgetragene Fruchttrieb wird unmittelbar über dem 2. Jungtrieb, der dem Gerüstast am nächsten steht, abgeschnitten, damit diese Triebe, das Fruchtholz des nächsten Jahres, sich kräftigen können.*

## Pflege

*Im März wird der Boden am Fuß des Fächerbaums mit der Grabgabel oberflächlich gelockert, so dass oberflächennahe Wurzeln nicht verletzt werden. Arbeiten Sie zur Nährstoffversorgung einen Spezialdünger für Obstbäume ein und achten Sie auf die empfohlene Düngermenge. Auch gut verrotteter Stallmist oder Kompost versorgen die Pflanzen ausreichend.*

*Während der Vegetationszeit bindet man die Äste fortlaufend am Spalier fest und formiert den Baum dabei als Fächer. Die Äste sollten nur tagsüber und bei Sonnenschein gebogen werden, damit sie nicht brechen.*

## Pflege

*Im Frühling (vor Beginn der Blüte) bringt man vor dem Fächerbaum einen Vorhang an, der abends zugezogen wird und einen Schutz vor morgendlichen Frösten in Verbindung mit Sonneneinstrahlung bietet.*

**Wie bei der frei stehenden Mandel jätet man am Fuß des Spalierbaums und hält das Erdreich unkrautfrei. Eine Mulchschicht unterdrückt das Wurzelwachstum und reguliert die Bodenfeuchtigkeit. Vorsicht: Entfernen Sie im Herbst die Abdeckung, sonst nisten sich Mäuse und andere Schädlinge ein.**

## Ernte

*Bereits im zweiten Standjahr kann man zwischen Juli/August die ersten grünen Mandeln ernten.*

*Zum Direktverzehr pflückt man unreife, lebhaft grün gefärbte Mandeln von Hand.*

## Lagerung

*Breiten Sie bei trockenem Wetter Tücher unter dem Baum aus und schütteln Sie kräftig. Jetzt müssen Sie die reifen Mandeln nur noch aufsammeln.*

*Wenn man die Mandeln lagern möchte, sollte man warten, bis die fleischigen graugrünen Hüllen platzen – etwa von Mitte September–Ende Oktober.*

*Die Früchte werden einlagig in Obstkisten geschichtet und einige Tage getrocknet. Anschließend trennt man die Hüllen von den eigentlichen „Mandeln" und lagert diese in Körben an einem kühlen und gut belüfteten Ort.*

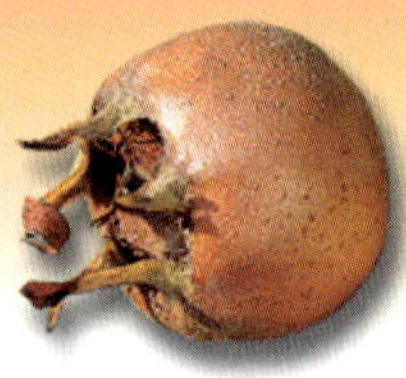

# Mispel

*Mespilus germanica*

**Mispeln können überall gepflanzt werden, nur extreme Trockenheit und Hitze wird nicht vertragen. Sie sind sehr frosthart, da sie Temperaturen bis zu -20 °C ertragen. Dieser Baum passt sich an alle Bodentypen an, sogar an kalkreiche, steinige und wenig tiefgründige Böden; ein nährstoffreicher und durchlässiger Standort wird allerdings bevorzugt.**

**Pflanztermin**
*Oktober–November, März*
**Pflanzabstand**
*5–6 m*
**Blüte**
*Mai–Juni*
**Schnitt**
*November–Ende März*
**Ernte**
*November–Anfang Dezember*

## Kultur von frei stehenden Formen

### Pflanzung

***einer wurzelnackten Mispel***

DREI MONATE VOR DER PFLANZUNG

*Um das Erdreich aufzulockern, gräbt man ein Loch von 1 m Kantenlänge und 80 cm Tiefe. Am tiefsten Punkt der Grube schlägt man einen Stützpfahl (Stammhöhe des Baumes plus 1 m) ein. Der Aushub wird mit einem Spezialdünger, Kompost oder gut verrottetem Stallmist versetzt und anschließend ohne Verdichten wieder in die Pflanzgrube gefüllt.*

## Auswahl der Erziehungsform

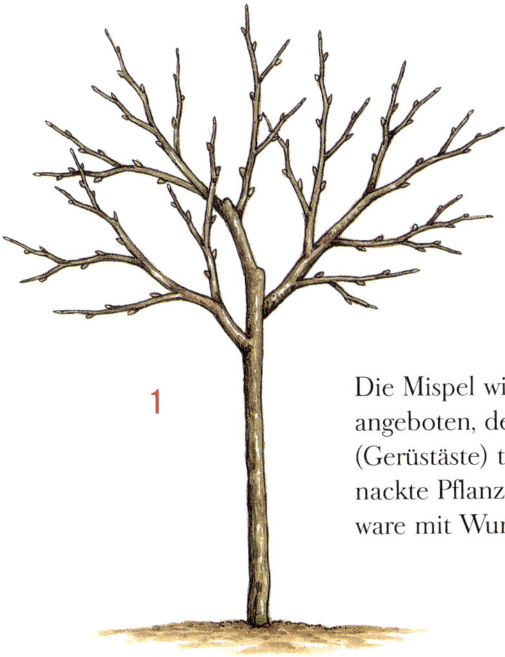

1

Die Mispel wird als **Hochstamm** angeboten, der 3 oder 6 Leitäste (Gerüstäste) trägt; es gibt wurzelnackte Pflanzen oder Containerware mit Wurzelballen.

2

Alternativ kann man eine junge Mispel (einjährige Veredelung) kaufen – wurzelnackt oder im Container – und die Pflanze selbst als **Buschform** erziehen.

### Sortenempfehlungen

'Néflier à gros fruits', 'Précoce de Nottingham'.

## Pflanzung

*einer wurzelnackten Mispel*

SO PFLANZEN SIE RICHTIG

*Man hebt im vorbereiteten Boden ein Pflanzloch aus, das etwas größer als die Wurzeln ist, schneidet verletzte Wurzeln ab und kürzt die restlichen um ein paar Zentimeter ein. Kürzen Sie außerdem die Gerüstäste auf 25–30 cm zurück.*

*Die Wurzeln werden in einem dünnflüssigen Lehmbrei eingeschlämmt, damit der Baum besser anwächst.*

*Mithilfe eines geraden Stabes überprüft man, ob die Veredelungsstelle sich oberhalb der Bodenoberfläche befindet. Falls nötig wird noch Erde hinzugefügt. Man häufelt etwas Erde im Pflanzloch an, breitet die Wurzeln darauf aus und füllt dann das Pflanzloch auf, ohne mit dem Fuß zu verdichten. Legen Sie nun einen kleinen Gießrand an, bewässern Sie und befestigen den Stamm am Stützpfahl.*

## Pflanzung

### *einer Containerpflanze*

*Die Bodenvorbereitung erfolgt wie beim wurzelnackten Baum. Zum Pflanzzeitpunkt taucht man den Container in Wasser, topft die Pflanze aus und gräbt das Pflanzloch: Dieses soll etwas größer als der Wurzelballen sein – dessen Oberkante muss auf einer Ebene mit der Bodenoberfläche liegen, wenn der Baum im Pflanzloch steht. Beim Auffüllen müssen Sie durch Andrücken das Erdreich gut verdichten. Man legt einen Gießrand an, bewässert und schneidet die Gerüstäste genauso wie bei der wurzelnackten Mispel. Seitlich wird ein Stützpfahl verankert, der gegen die Hauptwindrichtung geneigt ist, damit der Baumstamm senkrecht wachsen kann.*

## Schnitt

*Alle 5 Jahre werden die Äste mit dem stärksten Durchmesser bis zu einem basisnahen Jungtrieb zurückgeschnitten. Sehr wüchsige, fast senkrechte Äste, die sich zum Inneren der Krone hin entwickeln (Wasserreiser), werden entfernt; außerdem schneidet man Totholz heraus, das bei der Mispel reichlich vorhanden ist.*

**Das Erdreich am Fuß des jungen Mispelbaums muss gejätet und unkrautfrei gehalten werden. Verwenden Sie Herbizide nur gegen hartnäckige Wurzelunkräuter und versuchen Sie ansonsten, das Unkraut mithilfe einer Mulchschicht zu unterdrücken.**

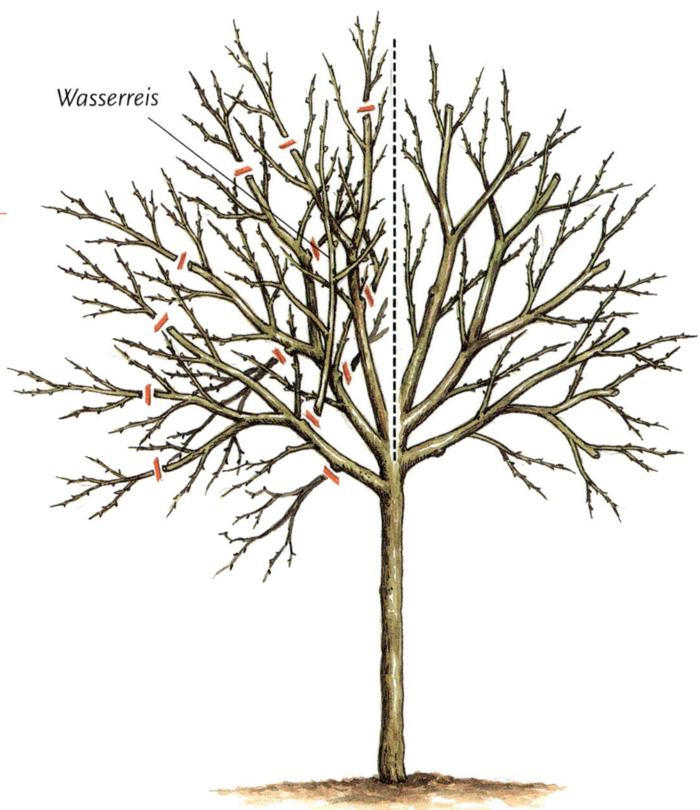

# Kultur von Buschformen

## Pflanzung

***einer wurzelnackten jungen Mispel (einjährige Veredelung)***

*Die Bodenvorbereitung erfolgt wie beim Hochstamm, ein Stützpfahl ist jedoch nicht nötig. Wenn der Jungbaum eingepflanzt ist, schneidet man ihn über der 4. oder 5. Knospe (von unten gerechnet) zurück.*

**Wenn die einjährige Veredelung getopft ist, verfährt man genau wie bei der Pflanzung eines Containerbaums.**

## Schnitt

*Kürzen Sie alle 4–5 Jahre die Gerüstäste ein, indem Sie diese oberhalb von Jungtrieben abschneiden. Am Grunde des Strauchs wählt man die kräftigsten Triebe aus, um abgetragene Äste zu ersetzen, diese werden bodennah abgeschnitten.*

**Wichtig: Größere Schnittwunden sollten mit einem Wundverschlussmittel behandelt werden.**

## Ernte

*Nach den ersten Frösten sammelt man die herunter gefallenen Mispeln vom Boden auf. Das ansonsten herb-saure Fruchtfleisch ist erst genießbar, wenn es teigig und braun gefärbt ist, d.h. zum Zeitpunkt der Edelreife. Wenn nötig müssen die Früchte deshalb an einem kühlen Ort auf einer Schicht Stroh bis zur endgültigen Reife gelagert werden.*

**Krankheiten und Schädlinge der Mispel sollten bereits beim ersten Anzeichen behandelt werden.**
**– Krankheiten: Moniliakrankheit, Echter Mehltau.**
**– Schädlinge: Schildlaus.**

★★

# Olive

*Olea europaea*

## Kulturanleitung

**In Südfrankreich kann man Oliven ins Freiland pflanzen. In kühleren Gegenden muss die Olive im Kübel kultiviert werden (Frostschäden ab -8 °C) und dient nur als Zierpflanze. Der Olivenbaum bevorzugt sonnige Standorte und passt sich an alle Bodenverhältnisse an – er gedeiht sogar auf armen Böden.**

**Pflanztermin**
*November, Februar–März*
**Pflanzabstand**
*6 m (frei stehender Baum); 5 m (Busch)*
**Blüte**
*Mai–Juni*
**Schnitt**
*Februar*
**Ernte**
*Oktober (grüne Oliven); Dezember (schwarze Oliven)*

### Pflanzung

DREI MONATE VOR DER PFLANZUNG

*Um das Erdreich aufzulockern, gräbt man ein Loch von 80 cm Kantenlänge und 80 cm Tiefe. Der Aushub wird mit einem Spezialdünger oder Kompost versetzt und anschließend ohne Verdichten wieder in die Pflanzgrube gefüllt.*

## Auswahl der Erziehungsform

1

Bei uns werden Oliven meist als **Zwergstämmchen** gezüchtet und im **Container** angeboten.

2

In Deutschland muss man die Olive im Kübel kultivieren – sie lässt sich am besten als **Busch** erziehen.

**Sortenempfehlungen**

**Standardsorten:** ‘Cailletier’, ‘Picholine’, ‘Tanche’.

**Wiederentdeckungen:** ‘Aglandau’, ‘Bouteillan’, ‘Moncita’.

## Pflanzung

SO PFLANZEN SIE RICHTIG

*Wählen Sie 5 Gerüstäste (mit dem größten Durchmesser) aus, die in ausreichender Entfernung voneinander stehen. Alle übrigen Äste sowie Jungtriebe, die aus dem Stamm wachsen, werden entfernt.*

**Bei der Buscherziehung schneidet man die unteren Äste nicht ab.**

*Man taucht den Container in Wasser, topft den Baum anschließend aus und gräbt ein Pflanzloch, das etwas größer als der Wurzelballen ist. Dessen Oberfläche muss auf einer Ebene mit der Bodenoberfläche liegen, wenn der Baum im Pflanzloch steht. Anschließend füllt man mit Erde auf und bewässert.*

**Beim Niederstamm schlägt man einen schräg gestellten Stützpfahl (gegen die Hauptwindrichtung) ein.**

## Schnitt

ALLE 2–3 JAHRE

***Bei jungen Olivenbäumen***

*Für eine gute Ernte muss ein Großteil der fruchtenden Seitentriebe entfernt werden, so dass an den Gerüstästen nur etwa alle 15 cm ein fruchtender Seitentrieb steht.*

*Äste, die sich unter dem Gewicht der Früchte gebogen haben, schneidet man so weit zurück, dass nur kräftige, an der Astbasis befindliche Jungtriebe stehen bleiben.*

**Das Erdreich am Fuß der jungen Olive sollte stets unkrautfrei gehalten werden. Nehmen die Wurzelunkräuter überhand, können Sie im Notfall zu einem Herbizid greifen.**

**Vergessen Sie nicht, alle größere Schnittwunden (mehr als 3–5 cm Durchmesser) mit Wundverschlussmittel abzudecken.**

## Schnitt

ALLE 5 JAHRE

***Bei alten Olivenbäumen***

*Entfernen Sie Totholz sowie alle ins Innere des Baumes wachsenden und kranken Äste. Die kräftigsten Äste werden um etwa ⅓ eingekürzt.*

**Krankheiten und Schädlinge des Olivenbaums sollten bereits beim ersten Anzeichen behandelt werden.**

**– Krankheiten: *Spilocaea oleagina*.**

**– Schädlinge: Olivenschildlaus, Olivenfliege, Olivenmotte.**

## Ernte

*Die Früchte werden mit Fruchtstiel einzeln von Hand gepflückt: grüne Oliven im Oktober, schwarze Oliven im Dezember.*

**Im Mittelmeerraum beginnen Olivenbäume etwa im Alter von 8 Jahren zu tragen und liefern jährlich etwa 25 kg Oliven.**

**Grüne Oliven werden vor der Vollreife gepflückt und in Salzlake eingelegt. Schwarze, vollreife Oliven werden entweder konserviert oder zur Ölgewinnung gepresst. Das Öl der 1. Pressung bezeichnet man als *extra vergine*.**

★★

# Pfirsich

*Prunus persica*

## Kultur
### von frei stehenden Formen

**In warmen Gegenden kann der Pfirsich als Hoch- oder Halbstamm gezogen werden. Anderenorts zieht man ihn an einem Wandspalier an windgeschützten, frostfreien Südlagen bis 400 m. Er bevorzugt, durchlässige nährstoffreiche Boden.**

**Pflanztermin**
*März–April*

**Pflanzabstand**
*3,5–4 m (frei stehende Bäume); 4–5 m (Spalierbäume)*

**Blüte**
*März–April*

**Schnitt**
November (frei stehende Bäume); im Februar–März, wenn der Fruchtansatz sichtbar ist, und nach der Ernte (Spalierbäume)

**Ernte**
15. Juni–Ende September (je nach Sorte)

### Pflanzung

***eines wurzelnackten Pfirsichs***

Drei Monate vor der Pflanzung

*Graben Sie zur Bodenvorbereitung ein Loch von 1 m Kantenlänge und 80 cm Tiefe. In der Grabensohle wird einen Stützpfahl (Stammhöhe des Baumes plus 1 m) eingeschlagen. Den Aushub versetzt man mit einem speziellen Vorratsdünger für Obstbäume, Kompost oder gut verrottetem Stallmist und füllt diese Mischung ohne Verdichten wieder in die Pflanzgrube ein.*

## Auswahl der Erziehungsform

1

*Hochstamm* *Halbstamm*

In milden Gegenden können Pfirsichbäume als **Hoch-** oder **Halbstamm** angepflanzt werden, die beim Kauf bereits 3 (einjährige Veredelung) oder 6 (zweijährige Veredelung) Gerüstäste besitzen sollte.

2

*Einjährige Veredelung*

In raueren Gebieten kultiviert man den Pfirsich besser als Fächerspalier. Die Erziehung dieses Baumes müssen Sie selbst durchführen; als Ausgangsform dient eine einjährige Veredelung. Kaufen Sie eine Pfirsichsorte, die auf die Pflaumenunterlage 'Saint Julien' veredelt wurde.

### Die vier Pfirsichtypen

**Echte Pfirsiche:** festes, weißes, gelbes oder rotes Fruchtfleisch, behaarte Schale, steinlösend.

**Härtlinge:** weißes oder gelbes Fleisch, behaarte Schale steinhaftend; sie werden ausschließlich in der Konservenindustrie verwendet.

**Nektarinen:** weißes oder gelbes Fleisch, glattschalig und steinlösend.

**Brügnolen** oder **Prünellen:** festes, weißes oder gelbes Fleisch, glattschalig und steinhaftend; sie werden langsam von den Nektarinen verdrängt.

## Pflanzung

*eines wurzelnackten Pfirsichs*

SO PFLANZEN SIE RICHTIG

*Im vorbereiteten Boden hebt man ein Pflanzloch aus, das etwas größer als die Wurzeln ist, schneidet verletzte Wurzeln ab und kürzt die übrigen einige Zentimeter ein, um das Wachstum neuer Faserwurzeln zu fördern.*

*Die Gerüstäste schneidet man auf etwa 30 cm Länge zurück (Schnittführung über einer nach außen gerichteten, gut sichtbaren Knospe), damit das Verhältnis von Wurzelwerk zu Krone ausgeglichen ist.*

*Die Wurzeln werden in einem dünnflüssigen Lehmbrei eingeschlämmt, damit der Baum besser anwächst.*

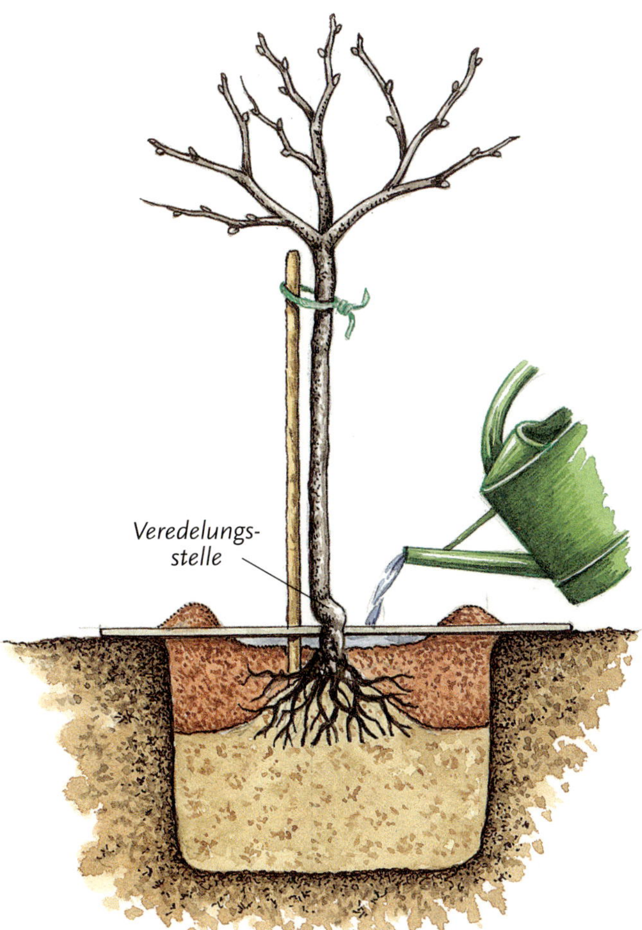


*Um das Erdniveau zu kennzeichnen, legt man einen gerade Stab über das Pflanzloch und überprüft, ob sich die Veredelungsstelle oberhalb der Pflanzgrube befindet. Man häufelt etwas Erde an, breitet die Wurzeln darauf aus und füllt das Pflanzloch auf. Legen Sie anschließend einen kleinen Gießrand an, bewässern Sie und binden Sie den Stamm am Stützpfahl fest.*

## Pflanzung

### *eine Containerpflanze*

*Bereiten Sie den Boden wie beim wurzelnackten Pfirsich vor. Vor der Pflanzung wird der Container in Wasser getaucht und danach der Baum ausgetopft. Das Pflanzloch soll etwas größer als der Wurzelballen sein; dessen Oberkante muss auf einer Ebene mit der Bodenoberfläche liegen, wenn der Baum im Pflanzloch steht. Anschließend füllt man mit Erde auf und drückt diese mit einem Stab gut fest, legt einen Gießrand an und bewässert. Die Gerüstäste werden auf etwa 30 cm Länge zurückgeschnitten (Schnittführung über einer nach außen gerichteten, gut sichtbaren Knospe).*

## Schnitt

EIN JAHR NACH DER PFLANZUNG

*Wenn der Baum bei der Pflanzung 3 Gerüstäste hatte, kürzt man die 6 neuen, daraus hervorgegangenen Gerüstäste (die mit dem größten Durchmesser), auf 25–30 cm Länge ein. Die restlichen kleinen Zweige werden oberhalb der 2. Knospe abgeschnitten.*

*Falls der Pfirsichbaum bereits bei der Pflanzung 6 Gerüstäste hatte, werden alle Triebe nur leicht eingekürzt.*

ALLE 3 JAHRE

*Sobald in den Knospen die rosafarbenen Blütenblätter sichtbar werden (Ballonstadium), schneidet man abgetragene Zweige, die immer weniger Blütenknospen tragen, heraus. An der Basis der Verzweigung bleibt ein Holztrieb erhalten, den man oberhalb der 2. Holzknospe, die dem Gerüstast am nächsten steht, einkürzt.*

## Pflege

*Das Erdreich am Fuß des Pfirsichbaums muss unkrautfrei gehalten werden. Bedecken Sie die Baumscheibe deshalb mit einer Mulchschicht aus Rasenschnitt oder Kompost. Um im Frühjahr die Bodenerwärmung nicht zu verzögern, sollte diese Schicht bei Sonnenschein gut aufgelockert werden.*

**Sortenempfehlungen**

**Standardsorten:**
'Mayflower' (Pfirsich), 'Fantasia' (Nektarine), 'Große Mignonne Hâtive' (Pfirsich), 'Sunhaven' (Pfirsich), 'Olympio' (Nektarine), 'Sanguine de Savoie' (Pfirsich), 'Sirius' (Pfirsich).

**Wiederentdeckungen:**
'Galopin' (Nektarine), 'Madame Girerd' (Pfirsich), 'Triumph' (Pfirsich), 'South Haven' (Pfirsich).

# Kultur eines Fächerspaliers

## Pflanzung

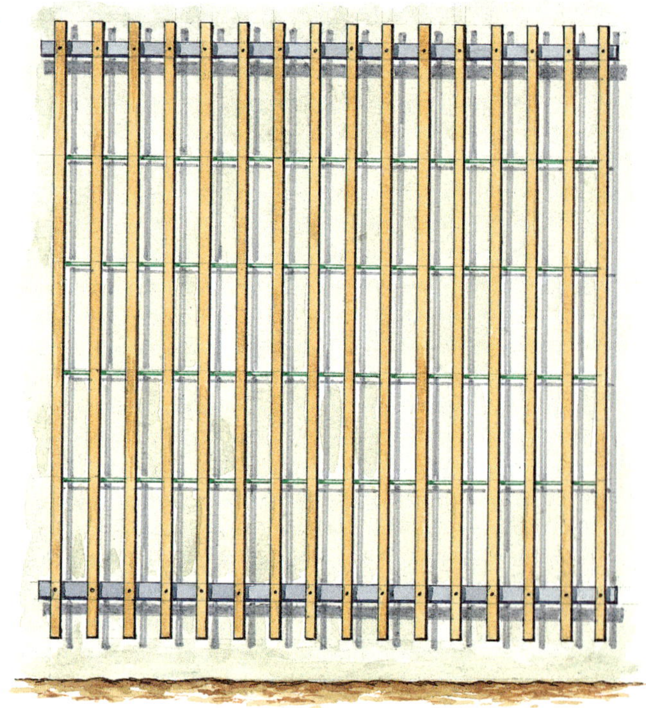

DREI MONATE VOR DER PFLANZUNG

*Das Spaliergerüst wird an der Mauer installiert; als Material dienen Flacheisen, die man in der Mauer verankert, Eisendraht und 1,5 cm x 1,5 cm dicke Latten (Länge je nach Spalierhöhe), die man im Abstand von 30 cm anbringt.*

*Am Fuß der Mauer hebt man für ein Fächerspalier einen 60 cm breiten und tiefen sowie 2 m langen Graben aus, arbeitet einen Spezialdünger oder Kompost in den Aushub ein und füllt wieder auf, ohne zu verdichten.*

SO PFLANZEN SIE RICHTIG

*Heben Sie aus dem vorbereiteten Boden ein Pflanzloch aus, das etwas größer als der Wurzelumfang ist. Verfahren Sie genau wie beim freistehenden Baum und neigen Sie den Jungbaum leicht in Richtung Spalier. Die einjährige Veredelung wird 30 cm über dem Boden oberhalb der 2. gut sichtbaren Knospe (vom Boden aus gerechnet und seitlich liegend) eingekürzt.*

## Die verschiedenen Zweigtypen des Pfirsichs

**Die Triebe des Pfirsichbaums entstehen alle aus einer Holzknospe; je nach der Versorgung mit Assimilaten während der Wachstumszeit verläuft die Entwicklung dieser Knospe unterschiedlich.**

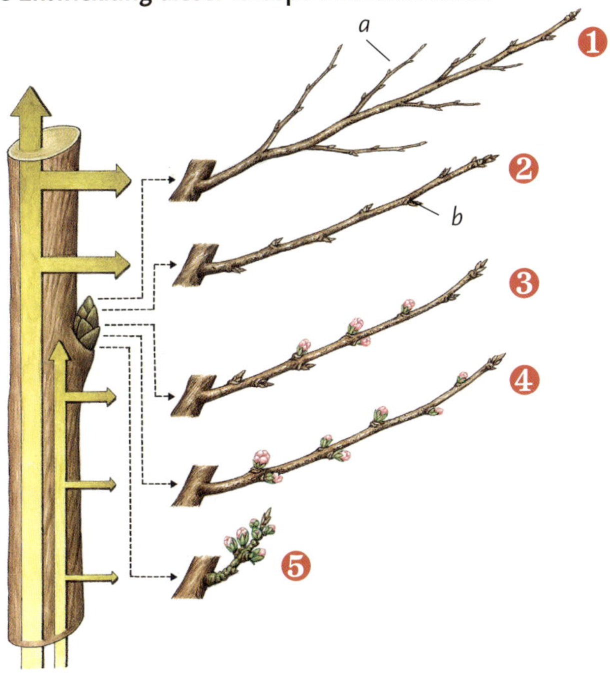


**❶ Das Wasserreis**
Sehr wüchsiger Zweig, der schon im ersten Jahr Verzweigungen trägt (a).

**❷ Der Holztrieb**
Er trägt nur dünne, spitze **Holzknospen** (b), aus denen sich im folgenden Sommer weitere Verzweigungen entwickeln. Bei mittlerer Wüchsigkeit kann er sich durch einen geeigneten Schnitt in Fruchtholz umwandeln. Wenn er starkwüchsig ist und vom ersten Jahr an Seitentriebe trägt, handelt es sich um ein Wasserreis.

**❸ Gemischter Zweig**
Er trägt dünne, spitze **Holzknospen**, die später für seinen Ersatz sorgen, und rundliche **Blütenknospen**, die Früchte liefern. Diese Knospentypen können einzeln oder als Zwillings- oder Drillingsknospen stehen. Ein Teil dieser Triebe wird abgeschnitten, denn die Knospen werden abgeworfen.

**❹ Der wahre Fruchttrieb**
Dieser 15–30 cm lange Zweig trägt dicke, rundliche Knospen, die **Blütenknospen** und spitze Triebknospen. Sie bringen den Ertrag.

**❺ Der Bukettzweig**
Er ähnelt einem sehr kurzen, nur 2–5 cm langen Fruchttrieb, der sich zu einer büschelförmigen Anhäufung von 5–6 **Blütenknospen** sowie 1 **Holzknospe** am Zweigende entwickelt.

## Schnitt

EIN JAHR NACH DER PFLANZUNG

*Im Spätwinter kürzt man die beiden Gerüstäste je um ⅔ ein. Die übrigen Äste werden oberhalb der 2. gut sichtbaren und nach außen weisenden Knospe abgeschnitten.*

JÄHRLICH ANFALLENDE SCHNITTMASSNAHMEN

***Im Februar oder März***

*Sobald sich rosafarbene Blütenblätter an den Knospenspitzen zeigen, schneidet man alle Triebe, die keine Blütenknospen tragen (Holztriebe), oberhalb der 2. gut sichtbaren Knospe (von unten gerechnet) ab.*

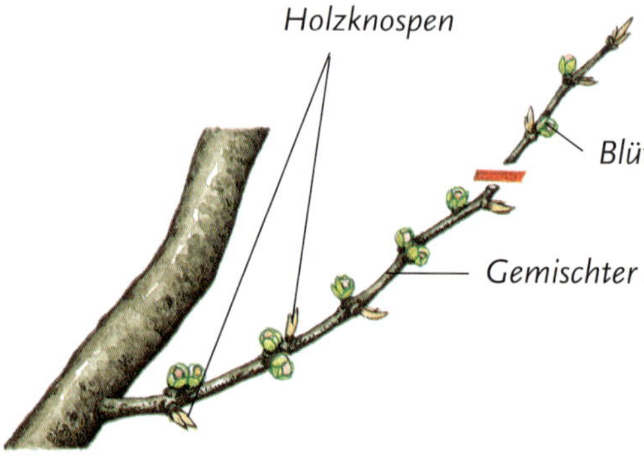


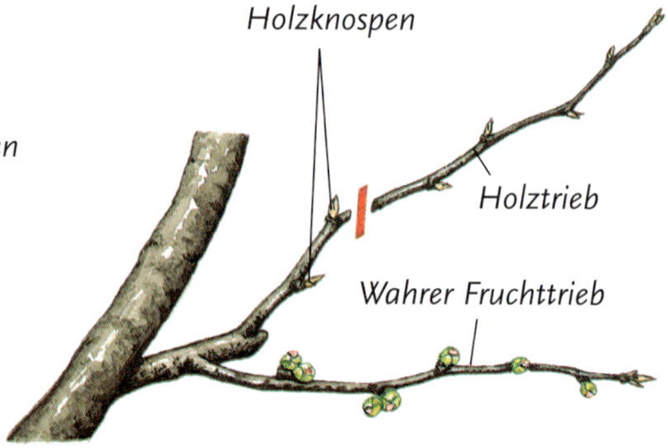


*Gemischte Zweige werden oberhalb der 4. oder 5. Blütengruppe (von unten gerechnet) eingekürzt. Pro Zweig bleiben 2 Holzknospen (möglichst nahe am Gerüstast) erhalten: Sie liefern die nächstjährigen Ersatztriebe. Nehmen Sie sich Zeit beim Schneiden und machen Sie die wahren Fruchttriebe ausfindig, damit sie nicht versehentlich entfernt werden. Man schneidet niemals einen wahren Fruchttrieb, sondern kürzt den unmittelbar darüber liegenden Zweig oberhalb der 2. Holzknospe ein, damit im nächsten Jahr ein Ersatztrieb zur Verfügung steht.*

***Von Ende April bis Anfang Mai***

*Sobald die Früchte größer werden, schneidet man den Ast oberhalb der 3. oder 5. Fruchtgruppe ab und fixiert die beiden basisnahen Triebe am Spaliergerüst. Man lichtet die jungen Früchte aus, so dass pro Zweig nur 2 oder 3 Früchte erhalten bleiben (Ausdünnen). Zweige, die an derselben Stelle wie die Früchte entspringen, werden oberhalb des 3. oder 4. Blatts (von unten gerechnet) eingekürzt; alle übrigen Triebe werden entfernt.*

***Nach der Ernte***

*Der abgetragene Fruchttrieb wird unmittelbar über dem 2. Jungtrieb, der dem Gerüstast am nächsten steht, abgeschnitten. Wenn die junge Pfirsiche vorzeitig vom Baum gefallen sind, kann man diesen Schnitt unmittelbar nach dem Fruchtfall vornehmen.*

## Pflege

*Im März wird der Boden am Fuß des Fächerbaums mit der Grabgabel oberflächlich gelockert, so dass oberflächennahe Wurzeln nicht verletzt werden. Man arbeitet einen Spezialdünger für Obstbäume, gut verrotteten Stallmist oder Kompost ein.*

*Während der Vegetationszeit bindet man die Äste fortlaufend am Spalier fest und formiert den Baum dabei als Fächer.*

**Krankheiten und Schädlinge des Pfirsichs sollten bereits beim ersten Anzeichen behandelt werden.**
**– Krankheiten: Monilia-Spitzendürre, Echter Pfirsich-Mehltau, Schrotschusskrankheit, Kräuselkrankheit.**
**– Schädlinge: Grüne Blattlaus, Mehlige Pfirsichblattlaus, Pfirsichtriebbohrer, Mittelmeerfruchtfliege.**
**– Milben: Obstbaumspinnmilbe.**

*Zu Beginn der Blütezeit bringt man zum Schutz der empfindlichen Blüten einen Vorhang (aus Jutegewebe) vor dem Wandspalier an. Diesen können Sie, wenn Frühjahrsfröste drohen, abends zuziehen.*

**Wie beim frei stehenden Pfirsich jätet man am Fuß des Spalierbaums und hält das Erdreich unkrautfrei. Auch hier kann eine Mulchschicht aus Stroh, Grasschnitt oder Rindenmulch gute Dienste leisten. Zu einem Herbizid sollten Sie nur im äußersten Notfall greifen. Halten Sie sich beim Ausbringen genau an die Dosierungsempfehlung und die Wartezeiten ein.**

## Ernte

*Die Pfirsiche werden gepflückt, sobald sie gut ausgefärbt sind und sich weich anfühlen. Man hält den Pfirsich in der Handfläche, dreht etwas und kann ihn so mit Fruchtstiel leicht abpflücken.*

*Um Druckstellen zu vermeiden, legen Sie die Früchte am besten vorsichtig in einen ausgepolsterten Korb.*

**Pfirsiche können bei konstanter Temperatur (0–10 °C) und 85 % Luftfeuchtigkeit 2–3 Wochen aufbewahrt werden.**

★★

# Pflaumen

*Prunus domestica*

## Kulturanleitung

**Pflaumen gedeihen bis zu 1000 m Meereshöhe überall, sind aber durch die frühe Blütezeit für Frühjahrsfröste anfällig; ein geschützter Standort ist daher wichtig. Zwetschen, Renekloden und Mirabellen bevorzugen tiefgründigen, durchlässigen und nährstoffreichen Boden.**

**Pflanztermin**
*Oktober–November; März*

**Pflanzabstand**
*7–8 m*

**Blüte**
*Ende März–Ende April*

**Schnitt**
*November–Ende Februar*

**Ernte**
*Ende Juli–Mitte September*

### Pflanzung

***eines wurzelnackten Pflaumenbaums***

DREI MONATE VOR DER PFLANZUNG

*Um das Erdreich aufzulockern, gräbt man ein Loch von 1 m Kantenlänge und 80 cm Tiefe. In der Grabensohle schlägt man einen Stützpfahl (Stammhöhe des Baumes plus 1 m) ein. Der Aushub wird mit einem Volldünger, Kompost oder gut verrottetem Stallmist versetzt und anschließend ohne Verdichten wieder in die Pflanzgrube gefüllt.*

## Auswahl der Erziehungsform

1

Pflaumen werden als freistehende Bäume gezogen: Man kauft einen **Hoch-** oder **Halbstamm**, der bereits 3 bis 6 Gerüstäste besitzt.

*Hochstamm*

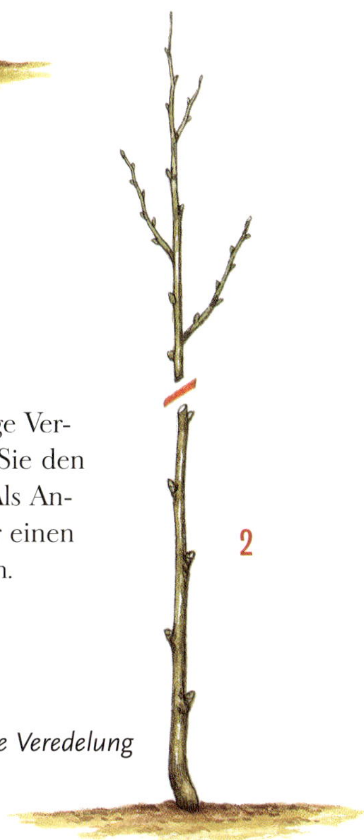

Wenn Sie eine einjährige Veredlung kaufen, müssen Sie den Baum selbst erziehen. Als Anfänger kauft man besser einen bereits formierten Baum.

2

*Einjährige Veredelung*

### Sortenempfehlungen

**Standardsorten:** 'Reine-Claude de Bavay', 'Große Grüne Reneklode', 'Oullins Reneklode','Mirabelle von Nancy', 'Hauszwetsche', 'Valor', 'Thames Cross'.

**Wiederentdeckungen:** 'Anna Späth', 'Von Wagenheims Pflaume', 'Bonne de Bry', 'Frigga', 'Große Grüne Reneklode', 'Metzer Mirabelle', 'Monsieur Hâtif', 'Monsieur Jaune', 'Fellenberg', 'Esslinger Frühzwetsche', 'Graf Althanns Reneklode' , 'Reine-Claude de Moissac', 'Reine-Claude tardive de Chambourcy', 'Reine-Claude Violette', 'Ontariopflaume'.

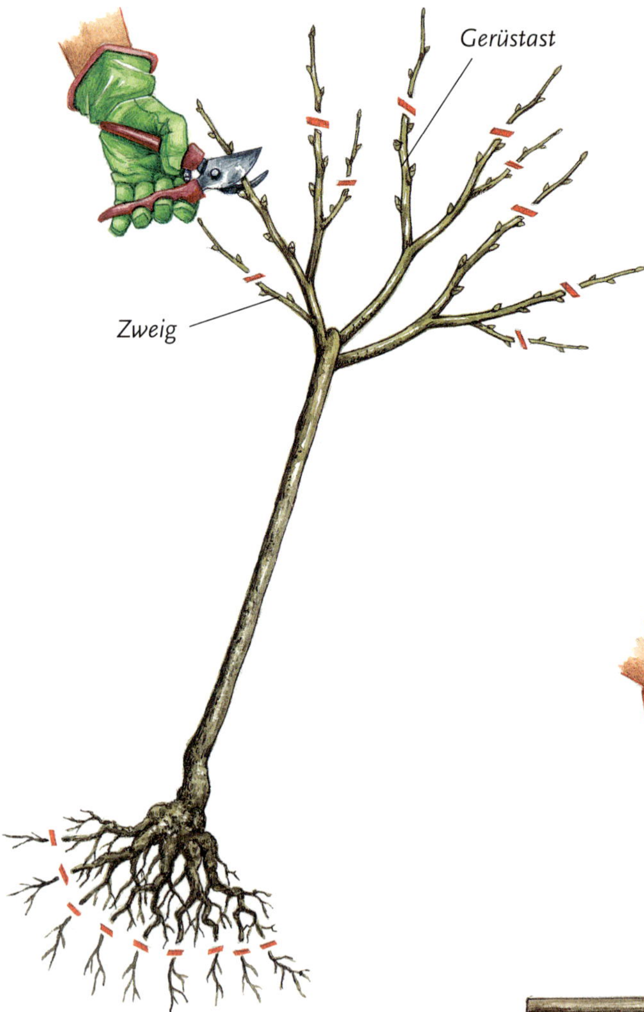


## Pflanzung

### einer wurzelnackten Pflaume

SO PFLANZEN SIE RICHTIG

*Man hebt ein Pflanzloch aus, das etwas größer als die Wurzeln ist, schneidet verletzte Wurzeln ab und kürzt die restlichen um ein paar Zentimeter ein.*

*Die Gerüstäste werden um 1/3 eingekürzt. Wenn der Jungbaum 6 Gerüstäste besitzt, schneidet man die dünneren Seitenzweige, die von den Gerüstästen ausgehen, jeweils über der 2. Knospe (von unten gerechnet) ab.*

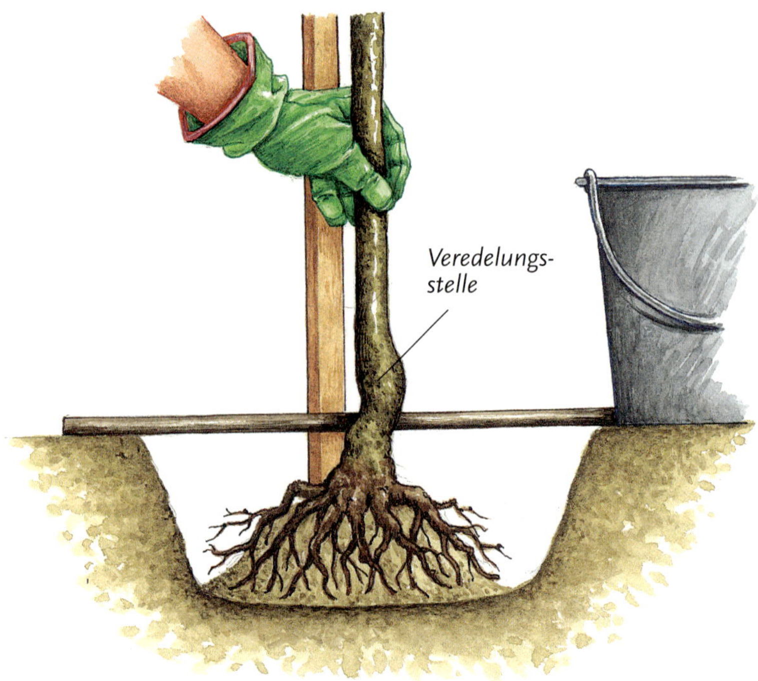


*Die Wurzeln werden in einem dünnflüssigen Lehmbrei eingeschlämmt. Man häufelt etwas Erde im Pflanzloch an, breitet die Wurzeln darauf aus und legt einen geraden Stab über die Pflanzgrube: Die Veredelungsstelle muss oberhalb liegen. Falls nötig fügt man noch Erde hinzu und füllt dann das Pflanzloch auf, indem man verdichtet. Zum Schluss wird ein kleiner Gießrand angelegt, bewässert und der Stamm am Stützpfahl befestigt.*

# Pflanzung

***einer Containerpflanze***

*Die Bodenvorbereitung erfolgt wie beim wurzelnackten Baum. Man taucht den Container in Wasser, topft die Pflanze aus und gräbt das Pflanzloch: Dieses soll etwas größer als der Wurzelballen sein – dessen Oberkante muss auf einer Ebene mit der Bodenoberfläche liegen, wenn der Baum im Pflanzloch steht. Verdichten Sie beim Auffüllen das Erdreich sorgfältig. Anschließend wird ein Gießrand angelegt und bewässert. Die Gerüstäste schneidet man genauso wie bei der wurzelnackten Pflaume.*

# Schnitt

*Alle 4 bis 5 Jahre – wenn möglich im November – kürzt man die längsten Äste ein, indem man sie bis über einem Jungtrieb oder einer gut ausgebildete Knospe zurücknimmt, die möglichst weit unten sitzt. Zusätzlich schneidet man Totholz heraus.*

**Wenn man Äste mit mehr als 3–5 cm Durchmesser entfernt, muss man die Wunde mit der Hippe sorgfältig glätten, von verletztem Holz befreien und großflächig mit Wundverschlussmittel bestreichen.**

# Pflege

*Das Erdreich am Fuß der jungen Pflaumenbäume muss regelmäßig gejätet werden. Greifen Sie nur dann zu einem Herbizid, wenn hartnäckige Wurzelunkräuter dem Baum Nährstoffe rauben. Informationen über Neuzulassungen erhalten Sie beim zuständigen Landwirtschaftsamt oder in Ihrer Gärtnerei.*

**Krankheiten und Schädlinge der Pflaume sollten bereits beim ersten Anzeichen behandelt werden.**
**– Krankheiten: Narren- oder Taschenkrankheit, Pflaumenrost, Scharka-Krankheit (Scharka-Virus), Schorf.**
**– Schädlinge: Pflaumenwickler, Pflaumensägewespe, Grüne Blattlaus, Mehlige Pflaumenblattlaus.**
**– Milben: Rote Spinne, Gemeine Spinnmilbe.**

## Ernte

*Sobald die ersten Früchte vom Baum fallen, breitet man Planen aus und schüttelt die Äste mit einer langen Stange: Reife Pflaumen fallen von selbst herunter.*

# Quitte

*Cydonia oblonga*

## Kulturanleitung

**Quitten gedeihen in allen Regionen mit warmem Herbst, denn die Früchte reifen nur bei Wärme aus. Auch Spätfröste gefährden die Ernte, indem Sie die Blüten zerstören. Der Standort sollte sonnig sein, der Boden bindig und frisch, vorzugsweise kalkarm sein.**

**Pflanztermin**
*Herbst (wurzelnackte Pflanzen); ganzjährig (Containerpflanzen)*

**Pflanzabstand**
*6–7 m*

**Blüte**
*Mai*

**Schnitt**
*November–Ende Februar*

**Ernte**
*September–November*

### Pflanzung

***eines wurzelnackten Quittenbaums***

DREI MONATE VOR DER PFLANZUNG

*Um das Erdreich aufzulockern, gräbt man ein Loch von 1 m Kantenlänge und 80 cm Tiefe. Schlagen Sie in der Grabensohle einen Stützpfahl (Stammhöhe des Baumes plus 1 m) ein. Der Aushub wird mit einem Spezialdünger für Obstbäume, Kompost oder gut verrottetem Stallmist versetzt und anschließend ohne Verdichten wieder in die Pflanzgrube gefüllt.*

## Auswahl der Erziehungsform

Quitten werden meistens als **Halbstamm**, der frei stehend gepflanzt wird, verkauft.

### Sortenempfehlungen

**Standardsorten:**
'Champion', 'Vranja'.
**Wiederentdeckungen:**
'Bereczkiquitte',
'Portugiesische Quitte'.

## Pflanzung

### *eines wurzelnackten Quittenbaums*

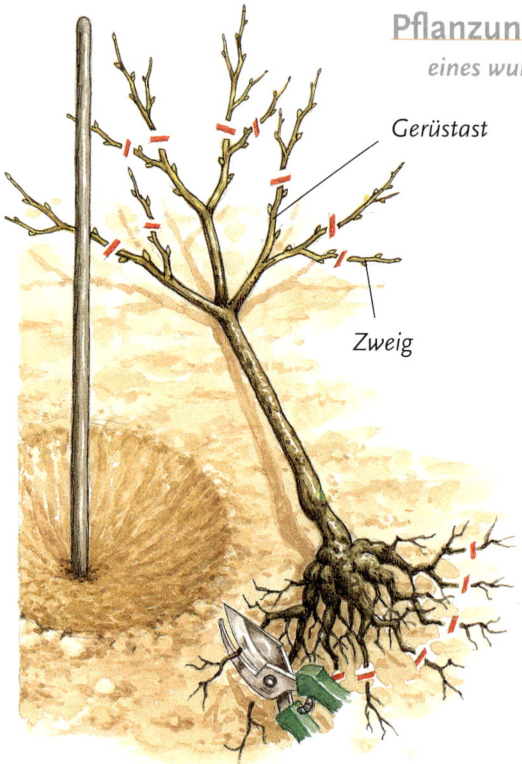


SO PFLANZEN SIE RICHTIG

*Man hebt ein Pflanzloch aus, das etwas größer als die Wurzeln ist, schneidet verletzte Wurzeln ab und kürzt die restlichen ein.*

*Zusätzlich nimmt man die Gerüstäste auf etwa 25 cm zurück, indem unmittelbar über einer gut sichtbaren, nach außen weisenden Knospe abgeschnitten wird.*

*Die Wurzeln werden in einem dünnflüssigen Lehmbrei eingeschlämmt, damit der Baum besser anwächst.*

*Häufeln Sie im Pflanzloch etwas Erde an und breiten die Wurzeln darauf aus. Mithilfe eines geraden Stabs über der Pflanzgrube können Sie kontrollieren, ob die Veredelungsstelle darüber liegt. Falls nötig fügt man noch Erde hinzu und füllt dann das Pflanzloch auf. Klopfen Sie den Boden fest. Zum Schluss legt man einen kleinen Gießrand an, bewässert und befestigt den Stamm am Stützpfahl.*

## Pflanzung

### *einer Containerpflanze*

*Die Bodenvorbereitung erfolgt wie beim wurzelnackten Baum. Man taucht den Container in Wasser, topft die Pflanze aus und gräbt das Pflanzloch: Dieses soll etwas größer als der Wurzelballen sein – dessen Oberkante muss auf einer Ebene mit der Bodenoberfläche liegen, wenn der Baum im Pflanzloch steht. Beim Auffüllen muss das Erdreich gut verdichtet werden. Anschließend legt man einen Gießrand an, bewässert und schneidet die Krone genauso wie bei der wurzelnackten Quitte.*

## Schnitt

*Bei der Kronenerziehung sollten 5–7 Leitäste gleichmäßig verteilt das Kronengerüst bilden, ansonsten wird nur noch ausgelichtet. Dafür werden alle 4–5 Jahre von November bis Ende Februar Totholz und Äste, die ins Kroneninnere wachsen, herausgeschnitten. Beim Auslichten sollten die jungen Triebe nicht gekürzt werden, denn an ihnen wachsen später die Früchte.*

**Größere Schnittwunden mit mehr als 3–5 cm Durchmesser müssen großzügig mit Wundverschlussmittel bedeckt werden.**

## Pflege

*Die Erde um die Baumscheibe der Quitte muss gejätet und unkrautfrei gehalten werden. Eine Mulchschicht aus Grasschnitt, Stroh oder Rindenmulch leistet hierbei gute Dienste. Nur im Notfall sollten Sie zu chemischen Mittlen greifen.*

**Krankheiten und Schädlinge der Quitte sollten bereits beim ersten Anzeichen behandelt werden.**
**– Krankheiten: Feuerbrand, Monilia-Spitzendürre, Schorf, Blattbräune der Quitte, Weißfleckenkrankheit, Mehltau.**
**– Schädlinge: Blattläuse.**

## Ernte

*Ernten Sie im Herbst so spät wie möglich (vor den ersten Frösten), wenn die ersten Früchte vom Baum fallen: Die Schale ist leuchtend gelb gefärbt und der pelzige Belag lässt sich leicht abreiben. Quitten werden mit Fruchtstiel gepflückt; sie können nur kurz (2–3 Wochen) gelagert werden.*

**Quitten dürfen nicht in der Nähe von anderem Lagerobst aufbewahrt werden: Ihr starker Geruch verbunden mit einer Äthylenabgabe beschleunigt die Reifung der anderen Früchte.**

★

# Rote Johannisbeere

*Ribes rubrum*

## Kulturanleitung

**Die Rote Johannisbeere bevorzugt sonnige, windgeschützte Standorte, nur in heißen Regionen ist halbschattige Lage vorzuziehen. Sie passt sich überall an, bevorzugt aber frische und nährstoffreiche, jedoch kalkarme Böden. Hitze, Trockenheit und Staunässe werden nicht gut vertragen.**

**Pflanztermin**
*Oktober–November (wurzelnackte Pflanzen); ganzjährig; (Containerpflanzen)*

**Pflanzabstand**
*1–1,5 m in der Reihe; 2,5–3 m zwischen den Reihen*

**Blüte**
*März–April*

**Schnitt**
*Februar*

**Ernte**
*Juni–Juli*

### Pflanzung

***einer wurzelnackten Roten Johannisbeere***

ZWEI MONATE VOR DER PFLANZUNG

*Will man mehrere Büsche in Reihe pflanzen, hebt man einen 60 cm breiten und 60 cm tiefen Graben in der gewünschten Länge aus. Der Aushub wird mit Spezialdünger, Kompost oder gut verrottetem Stallmist versetzt und anschließend ohne Verdichten wieder aufgefüllt.*

*Wollen Sie nur eine Pflanze setzen, müssen Sie zunächst eine Pflanzgrube mit je 60 cm Kantenlänge und Tiefe ausheben.*

## Auswahl der Erziehungsform

Die Rote Johannisbeere wird hauptsächlich als **Busch**, teilweise auch als Hochstämmchen kultiviert. Meistens kauft man Jungpflanzen mit 3–4 Ästen – entweder mit nackten Wurzeln oder als Containerpflanze.

### Sortenempfehlungen

**Standardsorten:** 'Rolan', 'Jonkheer van Teets', 'Red Lake', 'Weiße Versailler'.
**Wiederentdeckungen:** 'Cocagne', 'Géant Noir', 'Junifer', 'Rondom', 'Rote Spätlese', 'Stanza'.

## Pflanzung

*einer wurzelnackten Roten Johannisbeere*

SO PFLANZEN SIE RICHTIG

*Aus dem schon vorbereiteten Boden wird ein Pflanzloch ausgehoben, das etwas größer als die Wurzelmasse ist, schneidet verletzte Wurzeln ab und kürzt die restlichen um ein paar Zentimeter ein. Die Wurzeln werden in einem dünnflüssigen Lehmbrei eingeschlämmt, damit der Strauch besser anwächst.*

*Alle Triebe werden oberhalb des 2. Auges (von unten gerechnet) abgeschnitten, um die Bildung neuer Jungtriebe zu fördern und einen dicht verzweigten Strauch zu erhalten.*

*Zur Orientierung legt man einen geraden Stab über die Pflanzgrube: Der Wurzelhals (durch anhaftende Erdreste erkennbar) sollte ein wenig tiefer als zuvor unter der Bodenoberfläche liegen. Am Grund der Grube wird etwas Erde angehäufelt und die Wurzeln darüber ausgebreitet. Dann füllt man auf, ohne mit dem Fuß zu verdichten, legt einen Gießrand an und bewässert.*

## Pflanzung

### *einer Roten Johannisbeere im Container*

*Die Bodenvorbereitung erfolgt wie bei der wurzelnackten Roten Johannisbeere. Vor der Pflanzung taucht man den Container in Wasser und topft danach aus. Das Pflanzloch soll etwas größer als der Wurzelballen sein; dessen Oberkante muss leicht unter der Bodenoberfläche liegen, wenn der Strauch im Pflanzloch steht. Anschließend füllt man mit Erde auf und drückt diese mit einem Stab gut fest, legt einen Gießrand an, bewässert und schneidet die Triebe genauso wie bei der wurzelnackten Roten Johannisbeere zurück.*

**Rote Johannisbeeren, die mit Wurzelballen als Containerpflanzen gesetzt werden, müssen besonders im ersten Sommer gut gewässert werden.**

## Schnitt

*Jedes Jahr schneidet man die ältesten Triebe bodennah zurück, so dass nur etwa 10 fruchtende Triebe übrig bleiben. An der Basis wählt man einige kräftige Jungtriebe aus und kürzt sie um die Hälfte ein – sie werden die abgetragenen Triebe in den nächsten Jahren ersetzen. Abgestorbene, schwache oder kreuz und quer wachsende Zweige müssen entfernt werden.*

# Pflege

*Im März wird die Erde vorsichtig mit einem Grubber gelockert. Arbeiten Sie dabei einen Spezialdünger für Beerenobst oder Kompost ein.*

*Wegen der oberflächennahen Wurzeln sollte man am Fuß des Strauchs nicht umgraben.*

**Krankheiten und Schädlinge der Roten Johannisbeere sollten bereits beim ersten Anzeichen behandelt werden.**
**– Krankheiten: Amerikanischer Stachelbeermehltau, Säulenrost, Blattfallkrankheit der Johannisbeere.**
**– Schädlinge: Stachelbeerblattwespe und Stachelbeerspanner.**
**– Milben: Johannisbeergallmilbe, Obstbaumspinnmilbe, Gemeine Spinnmilbe.**

*Eine nach dem Jäten ausgebrachte 6–8 cm dicke Mulchschicht aus Stroh schützt vor Austrocknung und verringert das Unkrautwachstum. Vor dem Winter sollte sie entfernt werden.*

**Das Erdreich am Fuß der Sträucher muss gejätet und unkrautfrei gehalten werden. Eine Mulchschicht ist bei der Unterdrückung des Unkrautwachstums sehr nützlich. Herbizide sollten Sie nur im Notfall einsetzen.**

*Bei beginnender Fruchtreife bringt man zum Schutz vor Vogelfraß ein Plastiknetz über dem Strauch an und beschwert das Netz am Boden mit Steinen.*

## Ernte

*Wenn alle Beeren einer Traube gut ausgefärbt sind (rot, rosa oder gelblich weiß), pflückt man, indem man die Traube mit dem Fingernagel abknipst und sie in der Handfläche auffängt.*

★★

# Sauer-, Süßkirsche

*Prunus cerasus, Prunus avium*

## Kulturanleitung

**Kirschen gedeihen in Deutschland bis zu einer Höhe von 1000 m in jedem guten Standort, der allerdings sonnig und nicht allzu windig sein sollte. Auf schweren Böden neigen die Früchte nach Starkregen zum Aufplatzen. Die Blüten werden durch Frühjahrsfröste ab -2 °C zerstört.**

**Pflanztermin**
*Oktober, März*

**Pflanzabstand**
*7 m (Hoch-/Halbstamm);*
*5–6 m (Zwergstamm)*

**Blüte**
*März–April*

**Schnitt**
*November–Ende März*

**Ernte**
*Juni–Anfang August (je nach Sorten und Region)*

### Pflanzung

***eines wurzelnackten Kirschbaums***

DREI MONATE VOR DER PFLANZUNG

*Um das Erdreich aufzulockern, gräbt man ein Loch von 1 m Kantenlänge und 80 cm Tiefe. In der Grabensohle wird ein Stützpfahl eingeschlagen (Stammhöhe des Baumes plus 1 m). Versetzen Sie den Aushub mit einem Spezialdünger für Obstbäume, Kompost oder gut verrottetem Stallmist und füllen Sie ihn ohne Verdichten wieder in die Pflanzgrube.*

## Auswahl der Erziehungsform

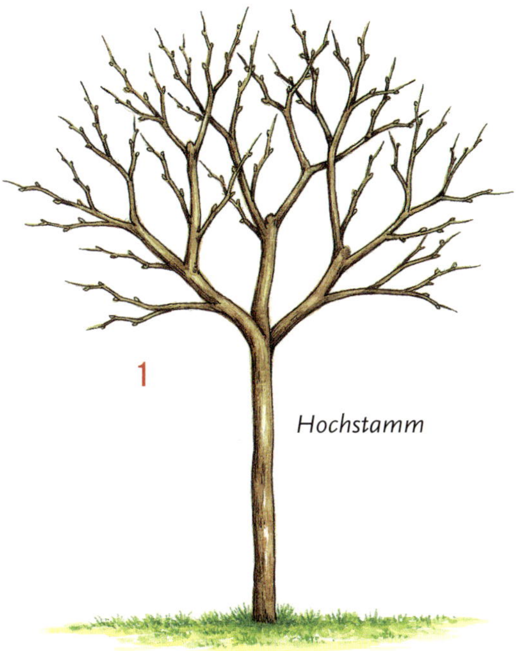


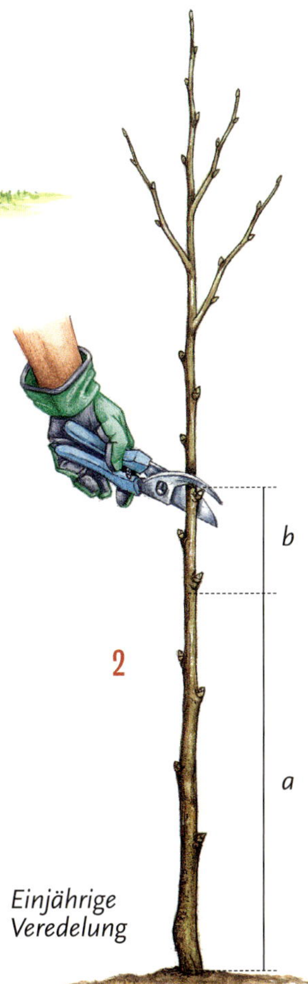


In den meistens Baumschulen findet man Kirschbäume, die als **Hochstamm** (Abb. 1), **Halb-** oder **Zwergstamm** erzogen sind und je nach Alter 3 oder 6 Gerüstäste (Äste mit dem größten Durchmesser) besitzen. Bedenken Sie beim Kauf, dass viele Süßkirschen selbstunfruchtbar sind. Sie brauchen mindestens 1 männliche und 1 weibliche Pflanze.

Beim Kauf einer einjährigen Veredelung müssen Sie diese als **Zwergstamm** formieren.

Man schneidet den Jungbaum nach der Pflanzung nach folgendem Schema zurück: Höhe des Zwergstamms – 50 cm (a) – plus Höhe der 3 darüberliegenden Augen (b). Aus diesen 3 Augen werden sich die Gerüstäste entwickeln.

### Die vier Kirschtypen

**Knorpelkirschen:** süßes, festes Fruchtfleisch.
**Herzkirschen:** süßes, weiches Fruchtfleisch.
**Amarellen:** süß-säuerliches Fruchtfleisch.
**Schattenmorellen:** säuerliches Fruchtfleisch mit farblosem oder rötlichem Saft.

## Pflanzung

*einer wurzelnackten Kirsche*

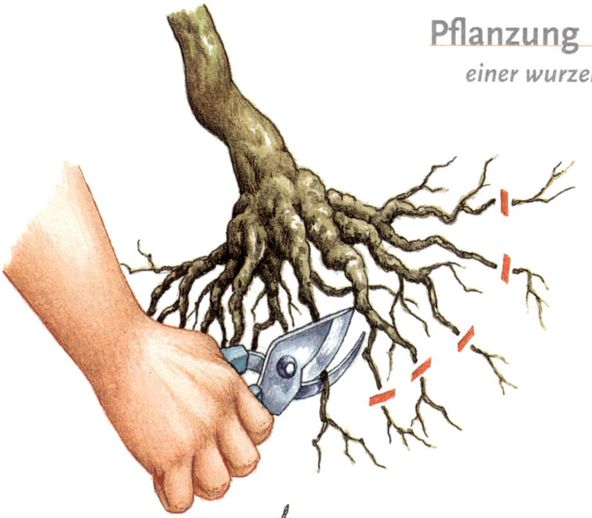

So pflanzen Sie richtig

*Man hebt ein Pflanzloch aus der vorbereiteten Pflanzgrube aus, das etwas größer als die Wurzeln ist, schneidet verletzte Wurzeln ab und kürzt die restlichen ein paar Zentimeter ein, damit die Bildung von Faserwurzeln gefördert wird.*

*Besitzt der Baum nur 3 Gerüstäste, werden diese um ⅓ eingekürzt.*

*Haben Sie einen Baum mit 6 Gerüstästen gekauft, kürzen Sie diese ebenfalls um ⅓ ein und schneiden die Seitentriebe oberhalb der 2. sichtbaren Knospe (von unten gerechnet) ab.*

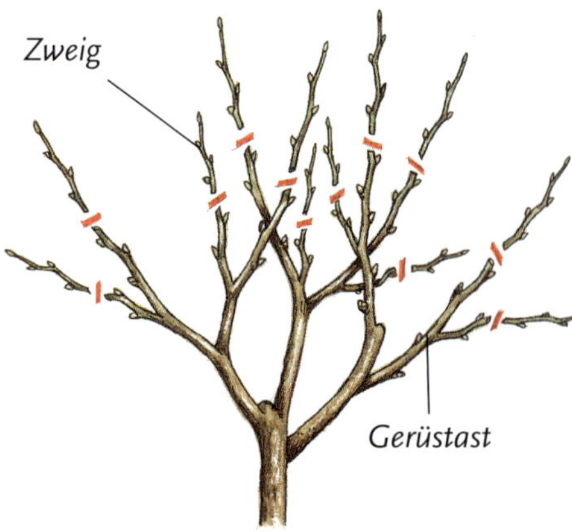

*Die Wurzeln werden in einem dünnflüssigen Lehmbrei eingeschlämmt. Man häufelt etwas Erde im Pflanzloch an, breitet die Wurzeln darauf aus und legt einen geraden Stab über die Pflanzgrube: Die Veredelungsstelle muss oberhalb liegen. Falls nötig fügt man noch Erde hinzu und füllt dann das Pflanzloch auf, ohne mit dem Fuß zu verdichten. Zum Schluss legt man einen kleinen Gießrand an, bewässert und befestigt den Stamm am Stützpfahl.*

## Pflanzung

### *einer Containerpflanze*

*Die Bodenvorbereitung erfolgt wie bei der wurzelnackten Kirsche. Vor der Pflanzung taucht man den Container in Wasser, topft die Pflanze aus und gräbt das Pflanzloch: Dieses soll etwas größer als der Wurzelballen sein – dessen Oberkante muss auf einer Ebene mit der Bodenoberfläche liegen, wenn der Baum im Pflanzloch steht. Beim Auffüllen muss das Erdreich gut verdichtet werden. Anschließend legt man einen Gießrand an und bewässert.*

*Der Schnitt erfolgt wie beim wurzelnackten Baum.*

**Wenn man Äste mit mehr als 3–5 cm Durchmesser entfernt, muss die Wunde mit der Hippe sorgfältig geglättet, von verletztem Holz befreit und großflächig mit Wundverschlussmittel behandelt werden.**

## Schnitt

*Alle 4–5 Jahre – wenn möglich im November – schneidet man das Totholz heraus und kürzt die längsten Äste ein, indem man sie bis über einen Jungtrieb oder eine gut ausgebildete Knospe zurücknimmt.*

# Pflege

*Das Erdreich am Fuß des jungen Kirschbaums sollte stets unkrautfrei sein. Eine Mulchschicht aus Grasschnitt, Stroh oder Rindenmulch, die im Herbst wieder entfernt werden muss, verhindert das Auflaufen der Unkräuter. Bei mehrjährigen Wurzelunkräutern kann ein Breitbandherbizid zum Einsatz kommen. Informieren Sie sich aber zuvor bei Ihrem Gärtner oder dem zuständigen Landwirtschaftsamt.*

**Krankheiten und Schädlinge der Kirsche sollten bereits beim ersten Anzeichen behandelt werden.**
**– Krankheiten: Bakterienbrand, Spitzendürre und Polsterschimmel, Schrotschusskrankheit, Blattbräune der Kirsche.**
**– Schädlinge: Frostspanner, Schwarze Kirschblattwespe, Kirschfruchtfliege.**
**– Milben: Obstbaumspinnmilbe und Gemeine Spinnmilbe.**

*Ein Zwergstamm kann mit einem Schutznetz abgedeckt werden, damit die Vögel nicht an den Kirschen picken. Man beschwert das Netz am Boden mit Steinen.*

## Ernte

*Die Kirschen werden wenn möglich bei trockenem Wetter gepflückt, sobald sie gut ausgefärbt sind. Man zieht leicht an der Stelle, wo der Fruchtstiel am Zweig ansetzt, so dass sich die Früchte gut ablösen.*

### Sortenempfehlungen

**Standardsorten:**
*Knorpelkirschen:* 'Délice de Malicorne', 'Hedelfingen', 'Burlat', 'Hâtif Delbard', 'Marmotte', 'Moreau', 'Reverchon'.
*Herzkirschen:* 'Early Rivers'.
**Wiederentdeckungen:**
*Knorpelkirschen:* 'Coeur de Pigeon', 'Esperen', 'Jaboulay', 'Napoléon', 'Rainier', 'Starking Hardy Giant', 'Starkrimson', 'Van'.
*Herzkirschen:* 'Précoce de la Marche'.
*Amarellen:* 'Allegria Delbard', 'Anglaise Hâtive', 'Belle Magnifique', 'Royale'.
*Schattenmorellen:* 'Gerema', 'Morellenfeuer', 'Favorit'.

★★★

# Schwarze Johannisbeere

*Ribes nigrum*

## Kulturanleitung

**Die Schwarze Johannisbeere bevorzugt bindigen, gut durchlüfteten und humosen Boden, toleriert jedoch alle Böden. Hitze, Trockenheit und Staunässe werden nicht gut vertragen. Im gemäßigten Klima wählt man einen sonnigen, windgeschützten Standort, in heißen Gegenden eine halbschattige Lage.**

**Pflanztermin**
*Ab Oktober (wurzelnackte Pflanzen); ganzjährig (Containerpflanzen)*

**Pflanzabstand**
*1,5–2 m in der Reihe; 2,5–3 m zwischen den Reihen*

**Blüte**
*April*

**Schnitt**
*Februar*

**Ernte**
*Ende Juni–Mitte Juli*

### Pflanzung

***einer wurzelnackten Schwarzen Johannisbeere***

ZWEI MONATE VOR DER PFLANZUNG

*Je nach Anzahl der Sträucher hebt man entweder einen 60 cm breiten und 60 cm tiefen Graben aus oder Einzelpflanzlöcher mit je 60 cm Kantenlänge und Tiefe. Der Aushub wird mit einem Spezialdünger für Beerenobst, Kompost oder gut verrottetem Stallmist versetzt und anschließend ohne Verdichten wieder in die Pflanzgrube gefüllt.*

## Auswahl der Erziehungsform

Die Schwarze Johannisbeere wird meistens als Strauch mit 3–4 Ästen – entweder mit nackten Wurzeln oder als Containerpflanze – verkauft.

### Sortenempfehlungen

**Standardsorten:** 'Ometa', 'Rosenthals Langtraubige Schwarze', 'Titania'.
**Wiederentdeckungen:** 'Andega', 'Daniels September', 'Black Reward', 'Cadou', 'Wellington XXX'.

## Pflanzung

*einer wurzelnackten Schwarzen Johannisbeere*

So pflanzen Sie richtig

*Aus der vorbereiteten Pflanzgrube hebt man ein Pflanzloch aus, das etwas größer als die Wurzeln ist, schneidet verletzte Wurzeln ab und kürzt die restlichen um ein paar Zentimeter ein. Alle Triebe werden oberhalb des 2. Auges (von unten gerechnet) abgeschnitten. Schlämmen Sie vor der Pflanzung die Wurzeln in einem dünnflüssigen Lehmbrei ein.*

*Zur Orientierung legt man einen geraden Stab über die Pflanzgrube: Der Wurzelhals (der Punkt an dem die Zweige ansetzen) muss oberhalb liegen. Am Grund der Grube häufelt man etwas Erde an und breitet die Wurzeln darüber aus. Füllen Sie nun mit Erde auf und drücken Sie diese leicht fest, aber ohne mit dem Fuß zu verdichten. Ein kleiner Gießrand dient der Bewässerung.*

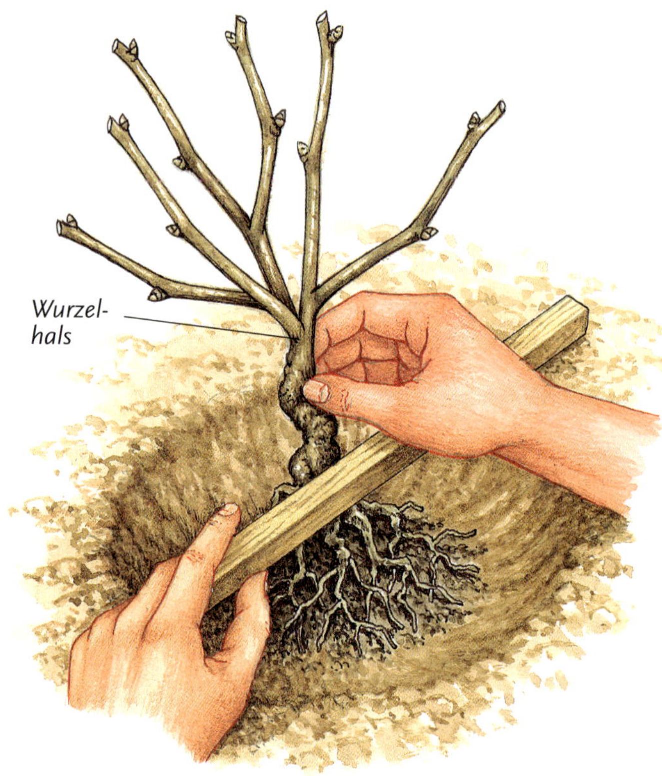

## Pflanzung

### *eines Containerstrauchs*

*Zum Pflanzzeitpunkt (ganzjährig, außerhalb der Frostperiode) taucht man den Container in Wasser und topft die Pflanze aus. Heben Sie ein Pflanzloch aus, das etwas größer als der Wurzelballen sein muss. Die Oberkante des Wurzelballens muss beim Einpflanzen auf einer Ebene mit der Bodenoberfläche liegen. Verdichten Sie das Erdreich beim Auffüllen gut. Anschließend legt man einen Gießrand an, bewässert und schneidet die Triebe genauso zurück wie bei der wurzelnackten Schwarzen Johannisbeere.*

**Auch für Containerpflanzen sollte man 2 Monate vor der Pflanzung eine Pflanzgrube ausheben, um das Erdreich zu lockern und zu verbessern.**

## Schnitt

*Abgestorbene, schwache oder kreuz und quer wachsende Zweige sowie die ältesten Triebe (die nicht mehr fruchten) müssen jedes Jahr bodeneben abgeschnitten werden: Man sollte immer rund 15 fruchtbare Triebe stehen lassen. An der Basis wählt man einige kräftige Jungtriebe aus und kürzt sie um die Hälfte ein – sie ersetzen im kommenden Jahr die abgetragenen Triebe.*

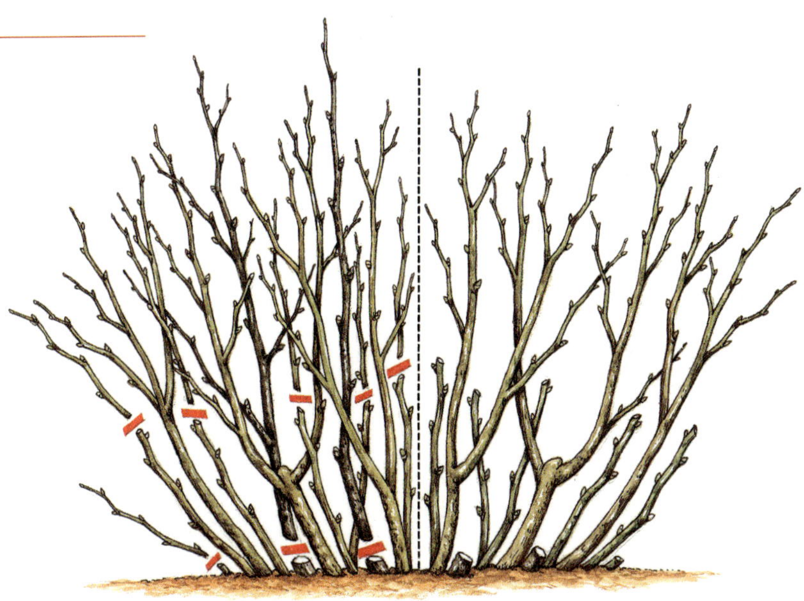

## Pflege

*Die Erde wird im März vorsichtig mit einem Grubber gelockert, ohne die oberflächennahen Wurzeln zu beschädigen. Man arbeitet einen Spezialdünger für Beerenobst ein, gräbt rund um den Strauch jedoch nicht um.*

*Jäten Sie im April/Mai sorgfältig und bringen Sie dann rund um den Strauch eine 6–8 cm dicke Schicht aus gut verrottetem Stallmist oder Stroh aus. So bleibt das Erdreich am Fuß des Strauches ständig feucht – zum Nutzen der oberflächennahen Wurzeln.*

**Krankheiten und Schädlinge der Schwarzen Johannisbeere sollten bereits beim ersten Anzeichen behandelt werden.**
**– Krankheiten: Echter Mehltau, Säulenrost, Blattfallkrankheit der Johannisbeere.**
**– Schädlinge: Johannisbeerblasenlaus.**
**– Milben: Johannisbeergallmilbe.**

## Ernte

*Die reifen Früchte sind tiefschwarz und werden bei trockenem Wetter gepflückt. Man knipst den Fruchtstiel mit dem Fingernagel ab und hält die andere Hand unter die Traube um sie aufzufangen.*

*Bei einigen Sorten werden die Beeren einer Traube nicht gleichzeitig reif – in diesem Fall müssen Sie sorgfältig Beere für Beere pflücken.*

**Schwarze Johannisbeeren werden häufig zu Saft, Sirup, Likör, Sorbet oder Konfitüre verarbeitet.**

# Stachelbeere

*Ribes uva-crispa*

## Kulturanleitung

**Die Stachelbeere fühlt sich in kühlen Regionen an einem sonnigen Standort wohl. In heißen Gegenden ist eine schattige Lage vorzuziehen, da die Stachelbeere keine Trockenheit verträgt. Sie passt sich an alle frischen Böden an, bevorzugt aber lockere und nährstoffreiche Böden, die weder zu sauer noch zu kalkhaltig sind.**

**Pflanztermin**
*Oktober–November, Februar (wurzelnackte Pflanzen); ganzjährig; (Container)*
**Pflanzabstand**
*1–1,5 m*
**Blüte**
*März bis April*
**Schnitt**
*Februar*
**Ernte**
*Ende Juni–Anfang August*

### Pflanzung

***einer wurzelnackten Stachelbeere***

ZWEI MONATE VOR DER PFLANZUNG

*Je nach Anzahl der Sträucher hebt man einen entsprechend langen, 60 cm breiten und 60 cm tiefen Graben aus. Der Aushub wird mit einem Spezialdünger für Beerenobst, Kompost oder gut verrottetem Stallmist versetzt und anschließend ohne Verdichten wieder in die Pflanzgrube gefüllt.*

*Wenn man nur einen Stachelbeerbusch pflanzen möchte, genügt ein Pflanzloch mit je 60 cm Kantenlänge und Tiefe.*

## Auswahl der Erziehungsform

Die Stachelbeere wird als Busch, seltener als Hochstämmchen kultiviert. Man kauft Jungpflanzen mit 3–4 Ästen – entweder mit nackten Wurzeln oder als Containerpflanze.

### Sortenempfehlungen

**Standardsorten:** 'Remarka', 'Reverta', 'Invicta', 'Rolonda'.
**Wiederentdeckungen:** 'Hönings Früheste', 'Dane's Mistake', 'Germania', 'Leveller', 'Pixwell', 'Poorman', 'Robustenda', 'Weiße Triumphbeere', 'Spinefree', 'Varianta', 'Rote Triumph'.

## Pflanzung

*einer wurzelnackten Stachelbeere*

SO PFLANZEN SIE RICHTIG

*Man hebt ein Pflanzloch aus, das etwas größer als das Wurzelvolumen ist. Alle Triebe des Strauchs werden oberhalb des 2. Auges (von unten gerechnet) gestutzt. Verletzte Wurzeln schneidet man ab und kürzt die restlichen etwas ein. Schlämmen Sie anschließend die Wurzeln in einem dünnflüssigen Lehmbrei ein.*

*Zur Orientierung legt man einen geraden Stab über die Pflanzgrube: Der Wurzelhals (durch anhaftende Erdreste erkennbar) muss auf einer Ebene mit der Bodenoberfläche liegen. Am Grund der Grube häufelt man etwas Erde an und breitet die Wurzeln darauf aus. Dann füllt man auf, ohne mit dem Fuß zu verdichten, legt einen Gießrand an und bewässert.*

## Pflanzung

### einer Containerpflanze

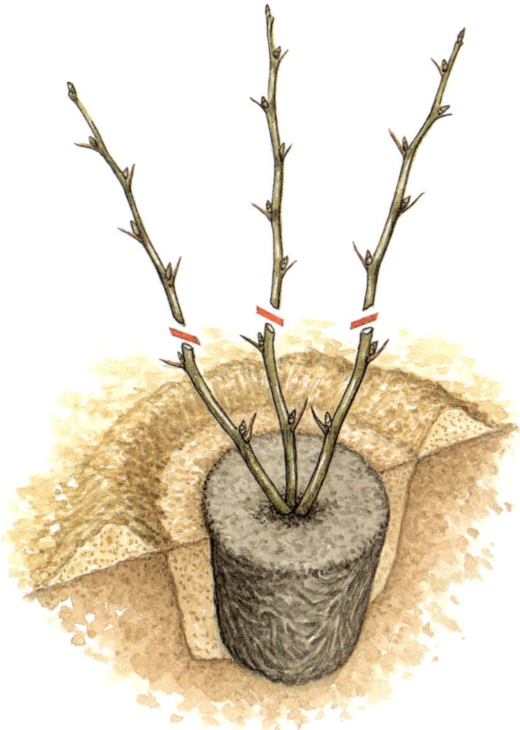

*Die Bodenvorbereitung erfolgt wie bei der wurzelnackten Stachelbeere. Vor der Pflanzung taucht man den Container in Wasser und topft danach aus. Das Pflanzloch soll etwas größer als der Wurzelballen sein; dessen Oberkante muss auf einer Ebene mit der Bodenoberfläche liegen, wenn der Strauch im Pflanzloch steht. Anschließend füllt man mit Erde auf und drückt diese gut fest, legt einen Gießrand an, und bewässert.*

*Die Triebe werden genauso wie bei der wurzelnackten Stachelbeere zurückgeschnitten.*

**Eine Stachelbeere im Container kann ganzjährig gepflanzt werden. Das Erfolgsrezept? Besonders im ersten Sommer nach der Pflanzung muss man regelmäßig und reichlich gießen.**

## Schnitt

*Jedes Jahr schneidet man die ältesten Triebe (die weniger Früchte tragen) bodennah zurück; außerdem entfernt man schwache oder kreuz und quer wachsende Zweige, zu niedrige Triebe (ihre Früchte würden durch Erdreich verschmutzt) sowie Totholz. Man sollte immer rund 12 fruchtende Triebe belassenen. Ferner wählt man einige kräftige Jungtriebe aus, um die abgetragenen Triebe in den nächsten Jahren zu ersetzen, und kürzt sie um zwei Drittel oder die Hälfte ein.*

# Pflege

*Im März lockert man die Erde vorsichtig mit einem Grubber, um die oberflächennahen Wurzeln nicht zu verletzen, und arbeitet dabei einen Spezialdünger für Beerenobst ein.*

**Das Erdreich am Fuß der Sträucher muss gejätet und unkrautfrei gehalten werden. Gegen das Auflaufen mehrjähriger Wurzelunkräuter hilft eine Mulchschicht aus Stroh, Grasschnitt oder Rindenmulch, die bis zum Spätherbst liegen bleiben kann. Nur im Notfall sollten Sie zu einem Herbizid greifen.**

**Krankheiten und Schädlinge der Stachelbeere sollten bereits beim ersten Anzeichen behandelt werden.**

**– Krankheiten: Blattfallkrankheit der Johannisbeere und Stachelbeere, Amerikanischer Stachelbeermehltau, Becherrost der Stachelbeere.**

**– Schädlinge: Gelbe und Grüne Blattläuse, Stachelbeerspanner und Stachelbeerblattwespe.**

*Bringen Sie bei beginnender Fruchtreife zum Schutz vor Vogelfraß ein Plastiknetz über dem Strauch an, das bis zum Boden reicht. Beschwert wird das Netz mit Steinen.*

## Ernte

*Wenn möglich pflückt man die Beeren traubenweise, indem man den Stiel mit dem Fingernagel abknipst statt abzureißen und so ein Aufplatzen der Stachelbeere vermeidet. Man fängt die Früchte in der Handfläche auf.*

*Stachelbeeren sind sehr druckempfindlich.*

★★

# Walnuss

*Juglans regia*

## Kulturanleitung

**Die Walnuss ist recht wärmeliebend und gedeiht nicht oberhalb von 750 m. Einige Sorten ertragen zwar Winterfröste bis zu -20 °C, doch Jungtriebe und Blütenstände leiden unter Spätfrösten (ab 0 °C). Wichtig ist ein geschützter Standort mit tiefgründigem, nährstoffreichem, durchlässigem Boden. Kalkboden wird gut toleriert.**

**Pflanztermin**
*Oktober–November, März*

**Pflanzabstand**
*12–20 m (auf Carya ovata veredelt); 7–9 m (auf Juglans nigra veredelt)*

**Blüte**
*Ende Mai–Juni*

**Schnitt**
*September–Oktober*

**Ernte**
*September–Ende Oktober*

### Pflanzung

Drei Monate vor der Pflanzung

*Um das Erdreich aufzulockern, hebt man ein Loch von 1 m Kantenlänge und 80 cm Tiefe aus und schlägt in der Grabensohle einen Stützpfahl (Stammhöhe des Baumes plus 1 m) ein. Der Aushub wird mit Kompost und einer Volldüngergabe versetzt und anschließend ohne Verdichten wieder in die Pflanzgrube gefüllt.*

## Auswahl der Erziehungsform

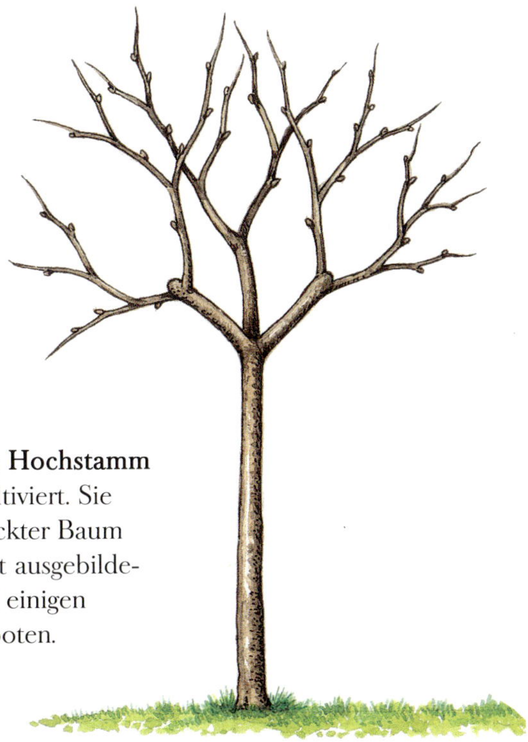

Walnüsse werden als **Hochstamm** (mit Naturkrone) kultiviert. Sie werden als wurzelnackter Baum mit mindestens 3 gut ausgebildeten Gerüstästen und einigen Seitenzweigen angeboten.

### Sortenempfehlungen

**Standardsorten:** Auslese 'Nr. 26', 'Nr. 1247', 'Marbot', 'Parisienne'.
**Wiederentdeckungen:** 'Bijou', 'Grandjean', 'Mayette', 'Esterhazy II'.

**Auf einem Baum befinden sich männliche und weibliche Blüten: Die männlichen stehen in Kätzchen an den vorjährigen Zweigen, die weiblichen stehen zu 2 oder 4 an der Spitze der diesjährigen Jungtriebe.**

## Pflanzung

SO PFLANZEN SIE RICHTIG

*Heben Sie aus der bereits vorbereiteten Pflanzgrube ein Pflanzloch aus, das etwas größer als die Wurzeln ist. Verletzte Wurzeln werden abgeschnitten, die restlichen etwas eingekürzt. Nur wenn die Gerüstäste sehr lang sind, sollten sie um ⅓ eingekürzt werden, ansonsten erfolgt kein Pflanzschnitt.*

*Die Wurzeln werden in einem dünnflüssigen Lehmbrei eingeschlämmt, damit der Baum besser anwächst.*

*Mithilfe eines geraden Stabes überprüft man, ob die Veredelungsstelle sich oberhalb der Bodenoberfläche befindet. Falls nötig fügt man noch Erde hinzu. Man häufelt etwas Erde im Pflanzloch an, breitet die Wurzeln darauf aus und füllt dann das Pflanzloch auf, ohne mit dem Fuß zu verdichten. Zum Schluss legt man einen kleinen Gießrand an, bewässert und bindet den Baum am Stützpfahl fest.*

## Schnitt

*Während des Kronenaufbaus ist ein Schnitt manchmal nötig. Dabei werden der Mitteltrieb und drei weitere günstig stehende Äste belassen, der Rest wird entfernt. Schneiden Sie nur im Spätsommer im belaubten Zustand.*

**Walnussbäume reagieren empfindlich auf Schnittmaßnahmen. Am besten pflanzt man sie an einen Platz, wo sie sich ungestört entwickeln können.**

**Durch die Schnittmaßnahmen entstehen beim weichen Walnussholz Eintrittspforten für Krankheiten und Schädlinge. Man sollte so wenig wie möglich schneiden und größere Schnittflächen (mehr als 3 cm Durchmesser) mit Baumwachs oder Latex bedecken.**

# Pflege

*Regelmäßige Bodenbearbeitung und Unkrautbekämpfung sind bei der Pflege die wichtigsten Arbeiten. Sollten hartnäckige Wurzelunkräuter auftreten, empfielt sich eine Herbizidbehandlung. Achten Sie auf die richtige Dosierung!*

**Krankheiten und Schädlinge der Walnuss sollten bereits beim ersten Anzeichen behandelt werden.**
**– Krankheiten: Marssonina-Blattfleckenkrankheit, Bakterienbrand.**
**– Schädlinge: Wicklerraupen, Walnussblattlaus.**
**– Milben: Walnussgallmilbe.**

## Ernte

*Wenn die Walnüsse vom Baum fallen, wird es Zeit zu ernten: Man breitet Planen unter dem Nussbaum aus und schüttelt die Äste mit einer langen Stange.*

## Lagerung

*Man lässt die Nüsse einige Tage im Freien liegen, damit die faserige Hülle aufplatzt und sich leichter ablösen lässt. Anschließend werden die Walnüsse einlagig in Kisten geschichtet. An einem trockenen Ort lassen sie sich bei etwa 5 °C mehrere Monate aufbewahren.*

★★

# Weinrebe

*Vitis vinifera*

## Kulturanleitung

**Weinreben sind bis zu -20 °C frosthart, junge Knospen werden jedoch schon bei -2 bis -3 °C geschädigt. In kühlen Regionen gedeihen Reben am gut platzierten Wandspalier; in Weinbaugebieten wachsen sie am Drahtrahmen. Sie bevorzugen humosen, gut durchlässigen Boden.**

**Pflanztermin**
*Oktober–November (wurzelnackte Reben); März–November (Container)*

**Pflanzabstand**
*1–1,2 m (in klassischer Reihe); 2–3 m (Spalier oder Laube)*

**Blüte**
*Mai–Juni*

**Schnitt**
Mitte Februar–Mitte März

**Ernte**
August–Oktober

### Pflanzung

***einer wurzelnackten Weinrebe***

ZWEI MONATE VOR DER PFLANZUNG

*Man hebt ein Pflanzloch von 50 cm Kantenlänge und Tiefe aus, arbeitet Kompost oder Rindenhumus, bei kalkarmen Böden Düngekalk in den Aushub ein und füllt ohne Verdichten wieder auf.*

*Anschließend bringt man das Spaliergerüst an der Hauswand an: ein Bandeisen, das mit Abstandhaltern und Dübeln in etwa 20 cm Mauerabstand fixiert wird, sowie etwa 50 cm darüber einen Spanndraht aus Eisen.*

## Auswahl der Erziehungsform

Man erzieht die Weinrebe als einfachen waagerechten Kordon, den man so aufbindet, dass ein Spalier an der Hauswand entsteht, das z.B. Tür oder Fenster einrahmt. Vielleicht entschließen Sie sich auch dazu, eine Pergola oder Laube zu beranken. Reben (wurzelnackt oder im Container) werden als einjährige Veredelung mit 1 oder 2 Ruten verkauft.

**Die Weinrebe ist eine Liane, die aus einem Stamm (Stock) mit mehreren Holztrieben besteht – einjährige Triebe bezeichnet man als Ruten. Jede Rute trägt, von unten gesehen, 3–4 einzeln stehende Blätter, darüber 1–2 Blätter mit je 1 gegenständigen Traube, weiter oben Blätter mit gegenständigen Ranken.**

## Pflanzung

*einer wurzelnackten Weinrebe*

So pflanzen Sie richtig

*Man hebt ein Pflanzloch aus, das etwas größer als die Wurzeln ist, schneidet verletzte Wurzeln ab und kürzt die restlichen um ein paar Zentimeter ein. Die Wurzeln werden in einem dünnflüssigen Lehmbrei eingeschlämmt, damit die Rebe besser anwächst. Der schwächere Trieb (falls vorhanden) wird abgeschnitten.*

*Zur Orientierung legt man einen geraden Stab über die Pflanzgrube: Die Veredelungsstelle muss etwa handbreit oberhalb liegen. Am Grund der Grube häufelt man etwas Erde an und breitet die Wurzeln darauf aus. Anschließend füllt man auf, legt einen Gießrand an und bewässert.*

# Pflanzung
## *einer Containerpflanze*

*Die Bodenvorbereitung erfolgt wie bei der wurzelnackten Rebe. Vor der Pflanzung wässert man den Container gründlich und topft danach aus. Das Pflanzloch soll etwas größer als der Wurzelballen sein; dessen Oberkante muss auf einer Ebene mit der Bodenoberfläche liegen, wenn die Rebe im Pflanzloch steht. Anschließend füllt man mit Erde auf und drückt diese gut fest, legt einen Gießrand an und bewässert. Der Trieb wird oberhalb der 1. Knospe (von unten gerechnet) eingekürzt.*

## Schnitt

IM JAHR NACH DER PFLANZUNG

*Der neue Jungtrieb wird oberhalb der 5. oder 6. Knospe (von unten gerechnet) abgeschnitten.*

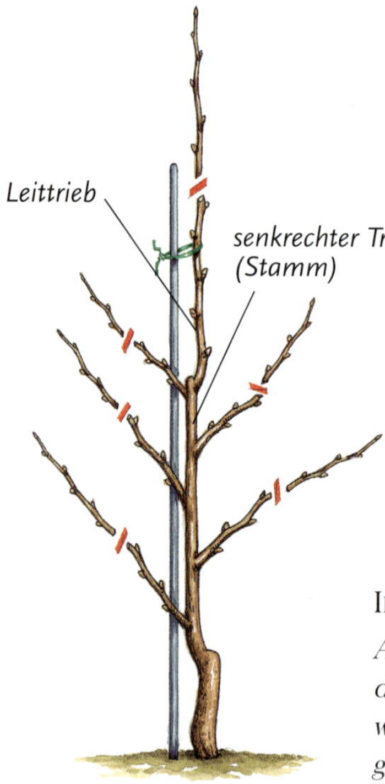


IN DEN ERSTEN 4–5 JAHREN

*Alle Seitentriebe des senkrechten Trieb werden oberhalb der 4. Knospe abgeschnitten. Nur der oberste Seitentrieb wird oberhalb der 5. oder 6. Knospe (von seiner Basis aus gerechnet) eingekürzt und senkrecht aufgebunden.*

IM 5.–6. STANDJAHR

*Sobald der senkrechte Trieb (der Stamm oder Stock) 3 cm Durchmesser hat, biegt man seine weiche Triebspitze und bindet sie waagerecht auf der gewünschten Höhe fest. Schneiden Sie den Trieb oberhalb der 5. oder 6. Knospe hinter der Krümmung ab und entfernen alle Seitentriebe, die weiter unten am Stock stehen.*

*Im Lauf des Sommers werden alle Seitentriebe, die nach unten wachsen, entfernt. Alle senkrecht nach oben wachsenden (hinter der Krümmung des Schenkels) werden aufgebunden.*

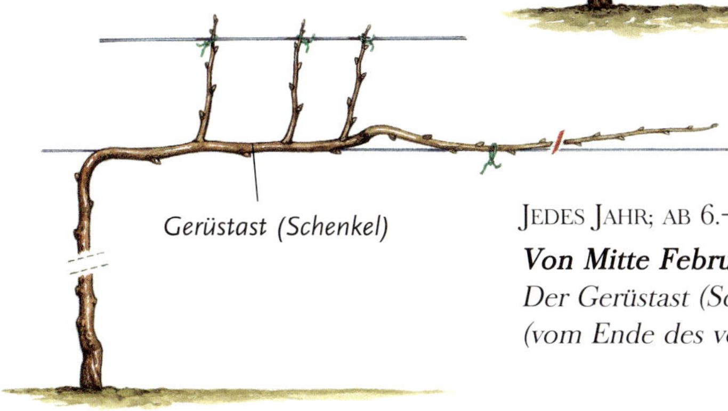


JEDES JAHR; AB 6.–7. STANDJAHR

***Von Mitte Februar–Mitte März***

*Der Gerüstast (Schenkel) wird oberhalb der 5. oder 6. Knospe (vom Ende des vorjährigen Triebs an gerechnet) abgeschnitten.*

*Ruten, die bereits getragen haben, werden entfernt. Alle anderen werden oberhalb der 2., 3. oder 4. Knospe (von unten gerechnet) auf "Zapfen" geschnitten. (Die Anzahl der Knospen richtet sich nach der Sorte – beim Kauf erfragen.)*

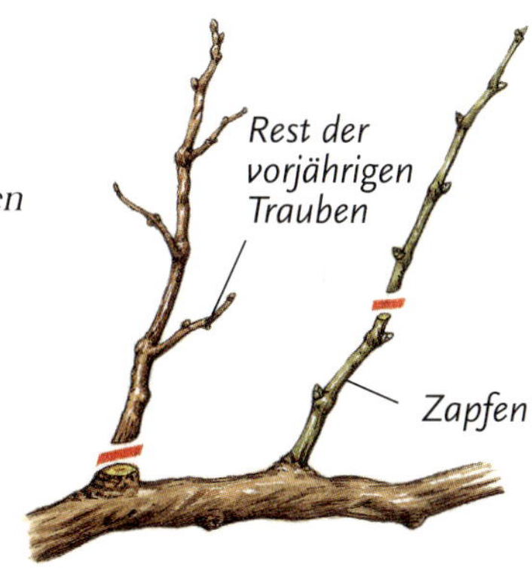

*Wenn der Zapfen mehr als 2 Knospen trägt, entfernt man die überflüssigen von Hand, so dass nur an der Basis und am oberen Ende je 1 Knospe stehen bleibt.*

**Beim Zapfenschnitt im Winter wird die abgetragene Tragrute am 2-jährigen Zapfen entfernt, die Ersatzrute, die den neuen Zapfen bildet, auf 2 Augen eingekürzt. Schneiden Sie besser im Spätwinter, wenn keine schlimmen Fröste mehr zu erwarten sind. So bleibt Ihnen ein Zurückfrieren erspart.**

## Schnitt

**Die Rebe wächst sehr stark und entwickelt insbesondere in den Blattachseln zahlreiche Nebentriebe (Geiztriebe). Diese müssen im Sommer entfernt werden.**

***Ab Juni an***

*Aus jedem im Frühjahr geschnitten Zapfen haben sich 2 Ruten entwickelt: Die fruchttragende Rute wird über dem 2. Blatt hinter der letzten Traube abgeschnitten, die andere, nicht fruchtende Rute kürzt man auf 50–60 cm ein.*

*Wenn ein im Frühjahr geschnittener Zapfen keinerlei fruchtende Ruten trägt, wird der weiter oben sitzende Austrieb vollständig entfernt und der andere auf 50–60 cm eingekürzt.*

*Man entfernt außerdem Ranken sowie Jungtriebe, die am Grund der im Winter geschnittenen Zapfen oder direkt am Gerüstast wachsen.*

## Pflege

*Um die Trauben vor Vögeln (Staren, Gimpeln und Amseln) zu schützen, hüllt man den Weinstock in ein Netz, sobald die Beeren sich verfärben.*

**Sortenempfehlungen**

**Standardsorten:**
***Weiß:*** 'Amandin', 'Petersiliengutedel', 'Weißer Gutedel', 'Exalta', 'Perdin', 'Perlette'.
***Blau:*** 'Aladin', 'Muskattrollinger'.
***Rosé:*** 'Chasselas rose Royal'.
**Wiederentdeckungen:**
***Weiß:*** 'Chasselas de Moissac', 'Afus Ali', 'Muscat d'Alexandrie', 'Königin der Weingärten', 'Muscat de Saint-Vallier', 'Ora', 'Perle von Csaba', 'Sultanina'.
***Blau:*** 'Alphonse Lavallée', 'Cardinal', 'Blauer Trollinger'.
***Rosé:*** 'Grosse Framboise', 'Rose de Saint-Vallier'.

**Das Erdreich am Fuß der jungen Weinstöcke muss durch Hacken unkrautfrei gehalten werden. Wenden Sie Herbizide nur dann an, wenn es sich um hartnäckige Unkräuter handelt.**

## Pflege

*Trauben können außerdem vor Wespen und anderen Insekten geschützt werden, indem man sie einzeln in luft- und wasserdurchlässige Säckchen einhüllt (Eintüten). Diese Säckchen bekommen Sie in Gartencentern.*

**Krankheiten und Schädlinge der Weinrebe sollten bereits beim ersten Anzeichen behandelt werden.**
**– Krankheiten: Echter und Falscher Mehltau, Schwarzer Brenner, Grauschimmel (Botrytis).**
**– Schädlinge: Springwurmwickler, Traubenwickler.**
**– Milben: Pockenmilbe.**

## Ernte

*Sobald die Beeren gut ausgefärbt sind, kann man die Trauben ernten. Man schneidet jede Traube mit einem Stück der Rute ab (2,5 cm beiderseits des Traubenstiels); die Trauben lassen sich auf diese Weise länger aufbewahren.*

**Trauben lassen sich über einen längeren Zeitraum lagern, wenn man über einen dunklen, kühlen (um 4 °C) Raum mit einer Luftfeuchtigkeit von 85–90 % verfügt.**

★★

# Zitruspflanzen

*Citrus*

## Kulturanleitung
### für Zitruspflanzen im Freiland

**Zitrusfrüchte können im Mittelmeergebiet im Freiland (Standort mit Südwest-Exposition) gezogen werden. In kälteren Gegenden pflanzt man sie in Kübel, damit sie ab Mitte Oktober ins Winterquartier können. Alle Zitruspflanzen bevorzugen einen leichten, sandigen und durchlässigen Boden.**

**Pflanztermin**
*Ganzjährig; vorzugsweise Oktober–November, März*

**Pflanzabstand**
*7 m (frei stehende Bäume); 6 m (Busch)*

**Blüte**
*April–Juni (bei der Zitrone bis in den Herbst)*

**Schnitt**
*Nach der Ernte*

**Ernte**
*November–Mai, je nach Art*

### Pflanzung

DREI MONATE VOR DER PFLANZUNG
*Heben Sie eine mindestens 80 cm tiefe, breite und lange Pflanzgrube aus und reichern Sie den Aushub mit Rindenhumus oder Zitruspflanzenerde an. Füllen Sie die Pflanzgrube ohne Verdichten wieder auf.*

SO PFLANZEN SIE RICHTIG
*Das Pflanzloch sollte den doppelten Durchmesser und die doppelte Tiefe wie der Wurzelballen aufweisen. Tauchen Sie den Container in Wasser und topfen ihn aus. Mithilfe eines geraden Stabes überprüft man, ob die Oberfläche des Wurzelballens mit der Bodenoberfläche übereinstimmt, wenn der Baum im Pflanzloch steht. Anschließend füllt man mit Erde auf und drückt diese mit einem Stock gut fest, legt einen Gießrand an und bewässert.*

## Auswahl der Erziehungsform

**Zitruspflanzen werden meistens im Container angeboten.**

*Zwergstamm*

*Halbstamm*

Beim Einkauf hat man die Wahl zwischen **Zwergstamm**- und **Halbstammformen**; sie besitzen mindestens 6–8 Gerüstäste.

*Busch*

Außerdem stehen Jungpflanzen in **Buschform** zur Auswahl – sie besitzen 6–8 kräftige Äste, die sich als Gerüstäste erziehen lassen.

**Sortenempfehlungen**

**Standardsorten:**
***Zitronatzitronen:*** 'Buddhas-Hand-Zitrone' ; ***Zitronen:*** 'Eureka', 'Vier-Saison-Zitrone'; ***Clementinen:*** 'Clementine', 'Hernandina'; ***Limetten:*** 'Mexican', 'Tahiti', 'Rangpur'; ***Orangen:*** 'Valencia' (Blondorange), 'Jaffa-Orange' (Blondorange), 'Washington Navel' (Navel); ***Grapefruit:*** 'Star Ruby'. Empfehlenswert ist die klassische Kumquat. Die Pomeranze (Bitterorange) umfasst nur 1 Art.
**Wiederentdeckungen:**
***Zitronatzitronen:*** 'Diamante'; ***Zitronen:*** 'de Meyer' (=*Citrus x meyeri*), 'Lisbon', 'Mentonnais' ; ***Orangen:*** 'Navelate' (navel), 'Valencia Late' (Blondorange), 'Doblefina' (Blutorange) ; ***Grapefruit:*** 'Duncan'.

## Pflanzung

*Kürzen Sie die Spitzen der Gerüstäste, unabhängig von der Baumform, um ein Drittel ein (frei stehender Baum oder Buschform).*

*Wenn man einen Halbstamm pflanzt, schlägt man vor der Pflanzung den Stützpfahl schräg ein – und zwar gegen die Hauptwindrichtung –, damit der Stamm im ersten Jahr genügend Halt hat.*

## Pflege

*Im März lockert man die Erde am Fuß des Baumes leicht mit der Grabgabel. Ein Spezialdünger für Zitrusfrüchte, Kompost oder getrockneter Mist versorgt die Pflanzen mit den benötigten Nährstoffen.*

**Normalerweise ist eine Mulchabdeckung der Baumscheibe ausreichend, um das Unkrautwachstum zu unterdrücken. Sollten Wurzelunkräuter auftreten, kann ein Herbizid Abhilfe schaffen. Informieren Sie sich beim örtlichen Landwirtschaftsamt.**

## Ernte

*Sobald die Früchte duften und gut gefärbt sind, umfasst man sie mit der Handfläche und zieht etwas: Sie lösen sich zusammen mit einem Stück des Fruchtstiels leicht ab. Ernten Sie am besten nach Bedarf.*

**Man erntet Pomeranzen von November–März, Zitronatzitronen von Juli–August, Zitronen im Winter, Clementinen und Mandarinen im September, Kumquats von November–Mai, Limetten von März–April und von September–Oktober, Navel-Orangen von November–Februar, Blondorangen im Februar/März, Blutorangen von Ende Januar–März und Grapefruits ab März.**

# Kulturanleitung
## für Zitruspflanzen im Kübel

### Pflanzung

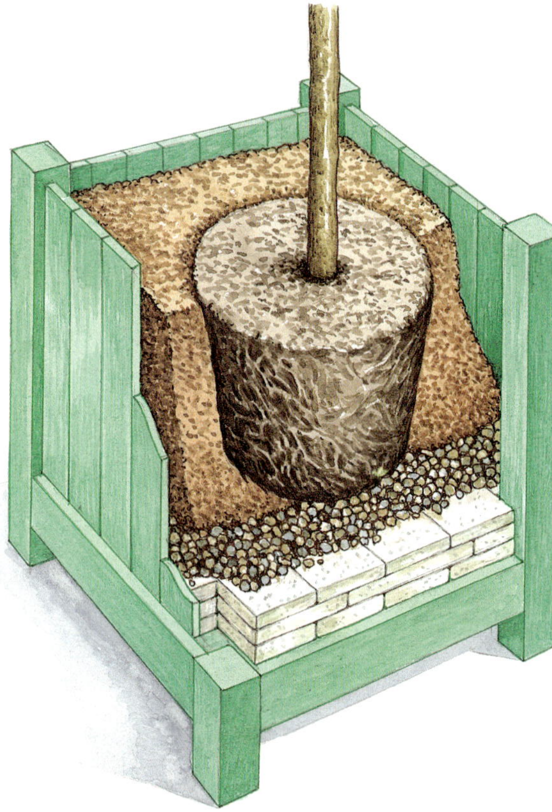

*Wählen Sie einen Terrakotta- oder einen Holzkübel. Letzerer wird am Boden mit Kieselsteinen oder Kacheln beschwert. Darüber bzw. auf den Boden bringt man unten eine 6–8 cm dicke Schicht aus Tonscherben oder Blähton aus. Als Pflanzsubstrat dient eine Mischung aus gleichen Teilen Gartenerde, Lauberde und Flusssand sowie etwas gut verrottetem Mist. Man gibt eine dünne Substratschicht auf die Drainageschicht – die Oberkante des Wurzelballens soll einige Zentimeter unter dem Kübelrand liegen. Die Zwischenräume werden mit Substrat aufgefüllt, gut verdichtet und ausgiebig bewässert.*

### Schnitt

*Unmittelbar nach der Ernte entfernt man abgestorbene Äste und Zweige, die ins Kroneninnere wachsen. Abgetragene Zweige werden über der ersten jungen Verzweigung abgeschnitten (von unten gerechnet). Kürzen Sie die Triebspitzen insgesamt ein, damit die kugelige Kronenform erhalten bleibt.*

**Wasserreiser werden ganzjährig entfernt; man zieht lediglich einige gut platzierte als Ersatz für abgetragene Gerüstäste heran. Größere Schnittflächen müssen mit einem Wundverschlussmittel behandelt werden.**

# Pflege

JÄHRLICHE PFLEGEMASSNAHMEN

*Sobald sich im Spätherbst die ersten Nachtfröste ankündigen, bringt man die Kübel in ein helles, kühles Winterquartier (Höchsttemperatur 6–8 °C). Man gießt alle zwei Wochen, damit das Substrat nicht austrocknet.*

**Die obere Erdschicht des Kübels wird jedes Jahr mit einem Spezialdünger für Zitruspflanzen vermischt. Man gibt den Dünger in 3 Teilmengen zu:**

**– 1/2 vor der Blüte,**

**– 1/4 nach dem natürlichen Fruchtabwurf im Juni,**

**– 1/4 im September.**

## Pflege

ALLE 4–5 JAHRE

*Im März müssen die jungen Zitruspflanzen in ein Substrat umgetopft werden, das dem Ausgangssubstrat entspricht. Wählen Sie einen Container, der etwas größer als der Wurzelballen ist. Wenn der Stammdurchmesser bei 8–10 cm liegt, nur noch alle 10 Jahre umpflanzen.*

**Achten Sie auf Anzeichen von Krankheiten und Schädlingen und behandeln Sie mit den entsprechenden Produkten die Zitruspflanzen bei den ersten Symptomen.**

**– Krankheiten: Tristeza-Krankheit der Orange (Viruskrankheit), Wurzel- und Stammfäule der Zitrusfrüchte.**

**– Schädlinge: Blattläuse, Schild- und Schmierläuse, Mittelmeerfruchtfliege.**

**– Spinnmilben: Rote Spinne.**

**Vorsicht: Zitruspflanzen werden durch Fröste ab -6 °C irreversibel geschädigt; aber schon bei geringen Minusgraden kann die Ernte gefährdet werden. Ernten Sie wenn möglich frühzeitig oder am Überwinterungsplatz.**

## Ernte

*Sobald die Früchte duften und gut gefärbt sind, fasst man sie mit der Handfläche und zieht etwas: Sie lösen sich zusammen mit einem Stück des Fruchtstiels leicht ab. Man erntet je nach Bedarf.*

# Glossar

**Assimilate:** Hauptsächlich Kohlenhydrate, aber auch andere organische bzw. anorganische Stoffe, die durch Photosynthese gebildet werden und den Pflanzen als Lebensgrundlage dienen.

**Auge:** Junge, gut sichtbare Knospe, die jedoch noch geschlossen ist.

**Auslichten:** Entfernen bestimmter Äste eines Baumes, um sein Astgerüst zu entlasten, seine Größe zu verringern, seine Form zu verändern und den Ertrag zu erhalten.

**Ballonstadium:** Entwicklungsstadium der Blütenknospe (bei Aprikose, Mandel und Pfirsich), in dem die Knospe noch geschlossen ist, die Knospenschuppen sich jedoch soweit öffnen, dass die Spitze der rosafarbenen Blütenblätter sichtbar wird.

**Bestäubung:** Übertragung des Blütenstaubs (Pollen) auf die Narbe, damit eine Befruchtung stattfinden kann – die Bestäubung kann natürlich oder künstlich erfolgen.

**Bukettzweig:** Sehr kurzer, nur 2–5 cm langer Zweig, der 5–6 Blütenknospen und 1 Holzknospe an der Zweigspitze trägt; typisch für Steinfrüchte.

**doppelte U-Palmette, Doppel-U-Form:** Formobstbaum, der aus 2 kurzen Gerüstästen besteht, die sich an ihrer Basis aufteilen und 2 aneinander grenzende „U" bilden. Diese Form trägt also 4 Gerüstäste der gleichen Größe.

**Einjährige Veredelung:** Junger, im Vorjahr veredelter Baum mit einem senkrechten Trieb, trägt bei wüchsigen Arten gelegentlich auch schon Verzweigungen.

**Einkürzen der Wurzeln:** Das Einkürzen oder vollständige Abschneiden von verletzten, beschädigten und zu langen Wurzelteilen vor der Pflanzung. Dadurch wird ein besseres Anwachsen und schnelleres Wurzelwachstum erreicht.

**Einschlämmen:** Das Eintauchen der Baumwurzeln in einen Lehmbrei vor der Pflanzung, um das Anwachsen zu erleichtern.

**Eintüten:** Das Einhüllen der Früchte in spezielle Säckchen während des Reifeprozesses, um den Reifevorgang zu beschleunigen und die Früchte vor Schädlingsbefall zu schützen. Mit Hilfe des Eintütens kann auch eine gezielte Befruchtung durchgeführt werden.

**Erziehung am Drahtspalier:** Flache Erziehungsform für Obstbäume, die in einer Reihe gepflanzt und an frei stehenden Spaliergerüsten (auch als Drahtrahmen oder Drahtspalier bezeichnet) so erzogen bzw. geschnitten werden, dass sie eine bestimmte Wuchsform erhalten und über Jahre ertragreich bleiben.

**Fächerbaum:** Fächerförmig gezogener Spalierbaum. Formobstbaum, dessen Äste in Relation zur Vertikalen fächerförmig geneigt sind und auf einem kurzen Stamm von etwa 30 cm Höhe stehen.

**Faserwurzel:** Sehr feine Wurzel, die aus einer Hauptwurzel mit dickem Durchmesser entspringt. Die Faserwurzeln nehmen über die Wurzelhaare Wasser und Mineralstoffe aus dem Boden auf, um die Pflanze zu ernähren.

**Fruchtholz:** Zweig, der zur Fruchtbildung bestimmt ist oder bereits Früchte trägt.

**Fruchtkuchen:** Fleischige Verdickungen am fruchttragenden Holz, die sich an der ursprünglichen Ansatzstelle des Fruchtstiels bilden und Fruchttriebe hervorbringen.

**Gerüstast, Leitast:** Hauptast von stärkerem Durchmesser, der, zusammen mit dem Stamm, das Gerüst des Baumes bildet und an dem die fruchttragenden Zweige und Holztriebe stehen.

**Gummifluss:** Zäher Ausfluss, der aus Wunden an Steinobstbäumen heraussickert.

**Hohlkrone, Trichterkrone:** Obstbaumform mit offener, becherförmiger Krone, die meistens auf einem kurzen Stamm (Zwergstamm) erzogen wird.

**Holzknospe:** Knospe mit Blattanlagen, die Ausgangspunkt für einen Holztrieb (siehe dort) ist.

**Holztrieb:** Zweig, der nur Holzknospen trägt, aus denen sich wiederum Holztriebe entwickeln.

**Kordon:** Erziehungsform für niedrige Mauern. Kordon bedeutet „Altholzschenkel". Bei der waagerechten Form wird die Stammverlängerung im rechten Winkel vom Stamm weiter erzogen.

**Knospe:** Rundliches Gebilde, von Knospenschuppen umhüllt; Blattknospen enthalten in ihrem Inneren die Blattanlagen, Blütenknospen die Blütenanlagen; gemischte Knospen enthalten beides (siehe auch *Auge*).

**Krone:** Gesamtheit der Äste eines Baumes.

**Mulchen:** Bedecken der Erde mit unterschiedlichen organischen Materialien, die dem Wasserverlust des Bodens entgegenwirken, Unkräuter unterdrücken und im Winter als Kälteschutz dienen.

**Organisches Material:** Aus der Zersetzung von pflanzlichem oder tierischem Material entstandene Substanz.

**Palmette:** Bezeichnung für verschiedene Spalierobstformen, z.B. Verrier-Palmette. Der Begriff leitet sich von *palma*, lateinisch „flache Hand", ab. Eine gerade Stammverlängerung ist für diese Erziehungsform charakteristisch, an der die Seitenäste im Abstand von 35–40 cm angeordnet sind.

**Pinzieren:** Abschneiden der Spitzen junger Zweige, um die Entwicklung von neuen Verzweigungen oder Früchten zu fördern.

**Ruheknospe, schlafendes Auge:** Kaum sichtbare, noch nicht entwickelte, ruhende Seitenknospe, die teilweise über viele Jahre hinweg der Pflanze als Reserve dient.

**Rute:** Übliche Bezeichnung für Himbeer- und Brombeertriebe. Man unterscheidet zwischen Trag- und Ersatzruten.

**Senkrechter Schnurbaum:** Senkrecht entwickelter Leitast bzw. Stammverlängerung, aus dem sich fruchttragende Verzweigungen bilden. Gut geeignet für Anfänger, die sich mit der Formierung vertraut machen wollen.

**Spalierobst:** Flache Erziehungsform für Obstbäume, die an einem Spaliergerüst an einer Mauer so erzogen werden, dass eine bestimmte Wuchsform erzielt wird und der Ertrag über Jahre erhalten bleibt.

**Starkzehrer:** Pflanzen mit einem hohen Nährstoffbedarf.

**Stockausschlag:** Busch oder Horst, der von verholzten Stängeln gebildet wird, die sich an der Schnittfläche eines abgeschnittenen Baumes entwickeln.

**Trieb, Jungtrieb:** Noch junger, jedoch bereits belaubter Zweig, der sich in der Entwicklung befindet.

**U-Palmette:** Formobstbaum, der aus 2 Gerüstästen gleicher Größe besteht, die ein „U" bilden, auch als „einfache U-Form" bezeichnet.

**Veredelung:** Dabei wird ein Teil einer zu vermehrenden Pflanzenart auf eine andere Pflanze übertragen, wobei beide Pflanzen zusammenwachsen. Die Pflanze, auf der veredelt wird, bezeichnet man als *Veredelungsunterlage*, die Wasser, Nährstoffe und Halt liefert. Auf diese Unterlage wird das so genannte Reis gesetzt, das das Erscheinungsbild der neuen Pflanze prägt und Assimilate liefert.

**Veredelungsstelle:** Verbindungspunkt zwischen Veredelungsunterlage und Edelreis (siehe auch Veredelung). Die Verwachsungsstelle ist leicht verdickt und wird deshalb auch als Pfropfnarbe bezeichnet.

**Veredelungsunterlage:** Pflanze, die ein Edelreis aufnehmen soll oder bereits aufgenommen hat.

**Verrier-Palmette:** Formobstbaum mit langen waagerechten Fruchthölzern, dessen 4 Gerüstäste stufenweise ineinander angeordnet sind und geschachtelte U-Formen bilden.

**Verzweigung:** Aufteilung eines Astes in Zweige.

**Volldünger:** Dünger, der den Pflanzen eine ausgewogene Dosis der Hauptnährstoffe Stickstoff (N), Phosphor (P) und Kalium (K) sowie den wichtigsten Mineralien liefert, auch als NPK-Dünger bezeichnet.

**Vorratsdünger:** Dünger, der den Pflanzen eine ausgewogene Dosis an Nährstoffen nach und nach zur Verfügung stellt. Die Pflanzen werden über mehrere Wochen mit Nährstoffen versorgt, so dass eine ständige Düngung nicht notwendig ist.

**Waagerechter Schnurbaum:** Obstbaumform, die entsteht, wenn das Fruchtholz an der waagerecht gestellten Stammverlängerung erzogen wird. Dabei werden schon an der einjährigen Veredelung die Seitentriebe stark eingekürzt.

**Wachstumsfolie:** Leichtes, durchsichtiges Material, das als Abdeckung dient; es schützt Pflanzen vor Kälte, beschleunigt die Keimung und fördert das Wachstum von Jungpflanzen im zeitigen Frühjahr.

**Wahrer Fruchttrieb** (nur bei Pfirsich): 5–30 cm langer Zweig mit dicken rundlichen Blütenknospen, der eine Holzknospe am Ende trägt. Im Gegensatz zum falschen Fruchttrieb, der nur Blütenknospen am Seitentrieb trägt. Selbst wenn diese Früchte ansetzen, entwickeln sie sich nicht richtig und werden abgeworfen.

**Wasserreis:** Sehr kräftiger und fast senkrecht wachsender Zweig, der sich auf Kosten der Nachbarzweige entwickelt. Ein Wasserreis kann pro Jahr mehr als 1 m wachsen und entwickelt sich an den Krümmungen der größeren Äste.

**Wundverschlussmittel:** Bäume mit Schnittwunden, die größer als 3–5 cm sind, müssen behandelt werden. Die Wunden werden mit Mitteln wie Baumwachs, Latex oder Kunstrinde bestrichen, damit sie sich schnell verschließen.

**Wurzelausschlag:** Fähigkeit bestimmter Pflanzenarten, wie z.B. der Himbeere, Jungtriebe direkt aus den Wurzeln zu treiben, die teilweise weit entfernt von der Mutterpflanze aus dem Boden sprießen. Die Wurzelausschläge oder Wurzelschösslinge eignen sich zur Vermehrung.

**Wurzelhals:** Übergang zwischen Wurzeln und Stamm.

**Zuchtsorte, Kultivar:** Durch spezielle Züchtungen erhaltene Kultursorte, im Gegensatz zur „Varietät", der botanischen Einstufung einer Pflanze zwischen der „Art" und der „Form".

**Zweihäusig:** Samenanlagen und Blüten befinden sich auf verschiedenen eingeschlechtlichen Pflanzen, wie z.B. bei Weide, Hanf, Hopfen.

**Zwergstamm, Niederstamm:** Frei stehende Form des Obstbaums mit kurzem, 30–80 cm hohem Stamm; die Früchte dieser niedrig gezüchteten Bäume lassen sich leichter ernten.

# Register

# Bildnachweis

Alle Fotos von Christian Hochet/Rustica, außer:
S. 8, 173, 177, 203: Franck Boucourt/Rustica;
S. 30, 33, 58, 85, 96, 122, 124, 129, 131, 139, 140, 171, 210: Arnaud Descat/MAP;
S. 39, 137, 139, 143, 195: Alain Guerrier/MAP;
S. 43, 71, 101, 172: F. Marre/Rustica;
S. 46, 99, 107, 163, 189, 193: Rustica;
S. 52, 53: M. Guittard/Rustica;
S. 55, 67, 91, 147, 157, 197, 199: N. et P. Mioulane/MAP;
S. 77, 79: V. Klecka/Rustica;
S. 84, 116, 119, 125: Noun/MAP;
S. 88, 192: Philippe Asseray/Rustica;
S. 93: Benjamin Thoby/MAP;
S. 97: I. Devaux/Rustica
S. 105, 209: E. Brenckle/Rustica, stylisme Marie Marcat;
S. 113: F. Strauss/MAP;
S. 201: Martine Doriac/DEF.